当代心理科学文库

中国社会科学委员会教育学心理学部 推荐

# 大学生的自主发展

PSYCHOLOGY

刘陈陵◇著

世界图书出版公司

广州·北京·上海·西安

图书在版编目（CIP）数据

大学生的自主发展 / 刘陈陵著 . —广州：世界图书出版广东有限公司，2017. 4

ISBN 978-7-5192-2817-0

Ⅰ . ①大… Ⅱ . ①刘… Ⅲ . ①大学生－自我管理－研究 Ⅳ . ① G645.5

中国版本图书馆 CIP 数据核字（2017）第 091570 号

书　　名　大学生的自主发展
　　　　　DAXUESHENG DE ZIZHU FAZHAN
著　　者　刘陈陵
责任编辑　刘文婷
装帧设计　楚芊沅
出版发行　世界图书出版广东有限公司
地　　址　广州市海珠区新港西路大江冲 25 号
邮　　编　510300
电　　话　（020）84459702
网　　址　http://www.gdst.com.cn/
邮　　箱　wpc_gdst@163.com
经　　销　新华书店
印　　刷　虎彩印艺股份有限公司
开　　本　787mm×1092mm　1/16
印　　张　13.125
字　　数　170 千字
版　　次　2017 年 4 月第 1 版　　2017 年 4 月第 1 次印刷
国际书号　ISBN 978-7-5192-2817-0
定　　价　39.00 元

# 《中国当代心理科学文库》
# 编委会

（按姓氏笔画排序）

# 目　录

# 引　言

　　青少年如何发展成为独立自主的社会成员是心理学的一个根本性的问题。从发展角度来看，青少年向成年的转变过程，也是自我成熟的过程，即社会化的过程，其生理性、认知性和社会性方面都会出现多重变化，发展和维持人际关系与个体自主性的发展是其中最重要的心理社会任务（Grotevant & Cooper, 1985; Deci & Ryan, 1991; Blatt & Blass, 1996），这两者是互补的任务。受西方关于心理健康和成熟观念的影响，自主的研究要超过亲密关系的研究（Collins & Steinberge, 2006/2009）。青少年时期一直视为自主发展的关键时期（Erikson, 1968; Steinberg & Silverberg, 1986; Zimmer - Gembeck & Collins, 2003; Kagitcibasi, 2005），但也有研究者认为青年晚期和成年初期应是自主发展的一个关键（Magolda, 1998; Beyers & Goossens, 2003）。近些年来，世界各地都出现了20多岁、大学毕业的成年子女仍靠父母养活的现象，媒体称为"NEET group"现象（Not Currently Engaged in Education, Employment or Training"或"Not in Education, Employment or Training）或啃老族现象（刘娟, 2006）。Arnett（2000）认为这是现代社会从青少年到成年期的转折延长带来的后果，应将18～25岁作为一个特殊的年龄阶段来考虑，即成年早期（emerging adult），有研究者认为有必要将自主的研究扩展成年初期（Collins & Steinberge, 2006/2009）。

　　自主作为个体社会化的基本任务之一，被视为人类发展的普遍心理需求（Ryan & Deci, 2000），是众多学科领域研究的主题，然而自主是西方一个源远流长的概念，被视为个人主义文化的精髓（Bakan, 1966），自主的理论研究和实证研究受西方文化影响颇深，其研究结果是否适用于其他文化或群体，一直是学术界有争议的问题。

随着全球经济一体化，价值体系多元化及信息化技术的发展，在迅速发生变化的世界里纯粹的、极端的个体主义和集体主义都很少（Markus & Kitayama，1991，2003），所有社会和个体中都存在集体主义和个体主义，集体主义文化中个体之间的和谐也是需要个体发挥自主，主动参与（Mulder，1992）。Yang（1996）、陆洛（2003）等人研究证实华人社会正越来越多地呈现传统性与现代性共存的现象，华人独立自主的自我与互依包容的自我是并存的，但是集体主义文化背景中自主的内涵、发展特点和相关因素还缺乏系统的研究。因此本研究将以我国成年初期的青年为对象深入研究自主，这对正确引导我国大学生的健康、积极向成年期过渡将有重要的理论意义和实践意义。

# 第一部分　文献综述

## 1　自主的定义、类型、结构与测量

自主或自主性（autonomy）来源于两个古希腊词：autos 和 nomos，其字面意思是自我统治、自我支配、自我管理、自我主宰。《新世界百科全书》将自主定义为："自由于外部权威"。《汉语词典》将自主解释为"自己做主，不受别人支配"。埃里克森首先将自主作为心理学概念提出（黄希庭，2002），至此后自主从希腊城邦的独立概念雏形发展到一个复杂的心理学概念。

自主是众多学科领域研究的主题，不同领域赋予自主的含义也不尽相同。Spear 和 Kulbok（2004）检索了 1985-2001 年护理、教育和心理学等领域对自主定义，发现不同的领域对自主的定义是不同的。在护理领域青少年自主与自我决定、控制、做决定、社会行为和风险行为有关；教育领域的自主与自我学习、内在动机、内控制点、学业成就有关；发展领域的自主与心理社会研究、成熟、自我效能、独立、个体化、自我实现有关。

文献中自主与独立性（independent）、自我定义（self-definition）、自我主宰（self-authorship）、自信（assurance）、自我效能（self-efficiency）等是同义词；特别是 20 世纪 80 年代后"自主"与"独立性"作为同一概念使用（Collins & Steinberg，2006/2009），在《心理学摘要》内容索引中"独

立性"（independence）后面出现了"见自主（autonomy）"（邹晓燕、杨丽珠，2005）。鉴于自主有众多的理论概念、操作定义和隐含意义，因此有必要在发展的系统观指导下回顾有关自主的定义、类型和结构及测量的研究，从而揭示自主的本质。

## 1.1 自主的定义

自主（autonomy）的定义是什么，心理学界一直存在争议，归纳起来有以下 6 种代表性的定义。

### 1.1.1 自主是一种能力

这种观点的代表人物有 Erikson，Shaffer，Kegan，Spitz 及中国台湾地区学者张春兴。Erikson（1968）认为自主是一个人能按照自己的意愿行事的能力。Shaffer（2008）认为自主是青少年时期的重要发展任务，是指个体独立做出决定，控制情绪和进行自我调节，独自处理生活事务的能力。Kegan（1982）认为个体既能够吸收外来信息又能够坚持自我的价值认定，做出合理的决定，就获得"自我主宰"（"self-authorship"），即一种掌握自己生活的能力。张春兴（1994）认为自主，又称为自律，是指个人独立自主的能力。在社会情境中，遇到团体压力、社会规范、以及个人价值观念三者不能协调一致时，个人所做的独立判断与抉择，所表现有所为有所不为的态度，即代表他的自律能力。精神分析学派 Spitz（1965）也为自主是一种能力，包括自我安慰、内部调节、行为监测和防止过度刺激等方面的能力。

### 1.1.2 自主是一种动机

这种观点的代表人物有 Fromm，Maslow，Deci & Ryan，Murray 及 Allport。新精神分析学派强调后天自我的作用，Fromm（1941）相信人自己有能力克服冲突和挫折，也就是说强调人的自主。Maslow（1968）认为自我实现是人生最重要的动力，一个只有充分发展并实现其潜能时，才会达到完全的心理成熟，而自我实现的人是高度自主的人。Ryan 和 Deci（2000）提出人类有三种先天的需要，这三种需要是能力、关联性和自主，自主是其中之一。Murray（1938）把自主作为独立行为的心因性动机，认为这种动机与人力量的发挥、受阻与让步有关。自主是"抵制影响或强权，反抗专治或追求自由，为独立奋斗。Murray 研究表明，自主常与下列情感相联系：由于受限而烦躁、生气、自由感。其行为表现为不管规则或限制做自己想做的事情，拒绝束缚，喜欢冒险与挑战。自主是一种追求自由与行为结果的控制的力量。Allport（1937）用"机能自主"（functional autonomy）来表达他的看法。Allpor 认为一个成人的行为动机是有变化的，他现在的行为动机不同于先前的行为动机。他们不再依靠父母，而是机能自主的。也就是说他们的行为独立于父母的愿望，同时也不再需要使用防卫策略来保护其自我评价免受他人的攻击。因为他们是独立于其他人的，他们有能力靠自我生成规则（self-generated rule）。他认为健康成人的动机是自行其事的自我维持系统。

### 1.1.3　自主是一种人格特质

代表人物有特质论的 Cattle、Eysenck。Cattle 和 Eysenck 认为人格的基本结构元素是特质。Cattle 及其同事经过几十年的测量，发现最基本的 16 种根源特质，其中有自主－依赖性性格因素。自主表现为自立自强，当机立断。自主强的人喜欢独自做出决定，独自完成工作，也不需要他人的好感，不易受社会舆论的约束。低分者的特点表现为依赖、随群附众（黄希庭，2002）。

### 1.1.4　自主是一种意志感或意志倾向

根据自我决定理论（self-determination theory, SDT），Ryan 和 Deci（2000）认为自主的本质是一种整合的意志感。自主行为是一个人意志所认可的行为；自主的反面是他控，或经验到与自我相背离的力量所控制。在那些由自我发起和调节的行动中，他就感到自己是"整体的""连续的""行动的主人"。Franken（1994）认为自主并不意味着独立、分离或自私，相反是获得能与任何行动相伴随的意志感。

### 1.1.5　自主是主体的心理机能

其代表是人本主义心理学 Rogers、格式塔学派 Perls 和俄罗斯心理学家布鲁什林斯基。以 Rogers（1961）和 Perls（1951）等为代表的西方现代心理学将自我（Self）看成是个体存在的核心，自我是发挥整体性功能的一个实体，是一个自由的和自我决定的存在。自我作为精神实体而存在，是作为主体性、有目的能量连续实体，自我功能（self-functioning）具有独立性、自主。这里的自我相当于主体心理学中的"主体"。

以布鲁什林斯基为代表的俄罗斯心理学家将自主作为主体的机能（郑发祥、史湘琳，2007）。主体本质上讲是个体自我表现、自我调节的方式，是随时调节实现活动内外的条件的方式，是所有心理过程、状态、特性及个体实现活动的主客观目标、要求和任务所表现的能力、潜能及组织的坐标中心。布鲁什林斯基认为人是具有高水平能动性、整体性（系统化）和自主的主体。在这种高水平基础上人可以最大地个别化，表现自己动机，能力和心理组织的特点，即独立自主性。

### 1.1.6　自主是主体间性的心理机能

当前社会认知理论、客体关系理论、建构理论都主张自主是主体间性的心理机能。主体间性是指主体通过发挥自己主体性与其他主体保持理解关系的属性。任何人不是生而为主体，而是在生活、交往和其他能动性形式中成为社交世界的主体，即建构自我功能（self-functioning），哈贝马斯认为人际交往行为是主体间性行为（姚大志，2000）。

受精神分析学派的影响，西方学者对青少年自主的研究焦点在于个体与权威人物，尤其是与父母分离的过程（Steinberg，1990）。Collins 和 Steinberg（2006/2009）回顾了自主的文献后指出个体独立性的发展过程植根在家庭关系和同伴关系这样的人际环境中。客体关系理论主张自主的发展并非完全是个体化分离的过程，健康成熟的个体最终是相互依赖的。而人格心理学家 Murry（1938）和现代建构理论流派的 Baumeister 等人（1998）认为自主是在人际的过程中发生，因为自我是人际的存在。

Nucci，Killen 和 Smetana（1996）根据社会领域理论定义了个人事务领域自主，也称为个人自主（personal autonomy），它表达了个体"把自我与他人区别开来一种基本的心理需要"，是在与成人的交往互动中产生并发展的。从功能上说，通过对个人事务的选择和决定使得孩子能够"在社会角色框架内建构什么才是个体在社会中独一无二的观念。"从结构上说，个人事务自主观念是由"对个人和自我心理实体概念的理解而构成的"个人事务包括一系列行为，这些行为使得孩子既能建构"客体"我的感觉，也能建构"主体"我的感觉。

综上所述，自主被看成是个体的能力、动机、人格或意志感，都是从某个侧面揭示了自主的内涵，没有全面把握自主的内涵。要把握自主的实质，必须回到"人是活动的主体"这一根本出发点上，自主是指人类的一种普遍心理行为，是人对自己心理生活的主导或主宰；是主体与主体之间在生活交往和其他能动性形式活动中建构并发展的一种心理机能。

## 1.2 自主的类型

基于自主概念的复杂性，很难从一个角度概述自主的本质，有研究者提出自主的类型说，以下两种类型划分最具有代表性。

### 1.2.1 情感自主、行为自主和价值或认知自主

Douvan 和 Adelson（1966）认为青少年期自主（adolescent autonomy）包括 3 种主要类型：①情感自主（emotional autonomy），是指个体的主观独立感，尤其是在与父母的关系上；②行为自主（behavioral autonomy），是指个体独立进行决策和自我管理的能力；③价值观自主（value autonomy），是指独立世界观的形成和发展，它基于一系列最重要的原则和信念。

Hill 和 Holmbeck（1986）发展了 Douvan 和 Adelson 的观点，认为自主既包括内部心理维度又包括人际维度，是在三个方面（行为、情感和认知）的独立和更大的自我决定权。其中，行为自主是指个体独立功能的主动、全面的展示，包括对自己行为的管理和做决定；情感自主是指在承担起个人做决定、价值判断和情感稳定等责任的同时，青少年发展起来的对父母的成熟、现实和平衡的认识；认知自主（cognitive autonomy）是指一种个体不需要寻求

他人同意就可以自己做决定的主观感觉。

Hill 和 Holmbeck 对青少年自主的解释受到了多数发展心理学研究者们的推崇，被广泛引用，但是这种类型的划分没有相关的实证研究支持，大多数研究者是研究了自主的某种类型，如情感自主、行为自主等，对价值自主研究更少（Collins & Steinberg，2006/2009）。

### 1.2.2　反映型自主和反应型自主

人格心理学家 Murray（1938）将自主明确定义为一种对外界影响基本拒绝的反应，这种自主的个体"抗拒影响或压迫、否认权威或在新的环境寻求自由，追寻独立"，是"有关人类权力是如何被扩展、坚持或屈服"的一种需要，这种自主属于反应型自主（reactive autonomy）。据 Murray 描述，反应型自主水平高的个体根据自己的意愿去做而不是习俗，而且自主是在人际的过程中发生。

相对 Murray 的定义，自愿发起行为、接纳某种立场的自主则称为反应型自主（reflective autonomy）。根据自我决定理论，Deci 和 Ryan（1985，1987，1991）将行为区分为意向性行为和非意向性行为，只有当意向行为是自己发起的，人们才经验到自己是期望改变的原因，并为自己的行为承担责任，因此自主行为是源自对选择的评估反应或个人兴趣与需要，而不是对外在影响的反应。Ryan（1993）将自主描述为一种主人翁感、真实感、责任感和选择性。他们所描述的自主并不是不受外界的影响（如父母，教师，公众人物），而是根据自己的兴趣和感觉权衡外在的影响，根据自己的选择做出恰当的决定，自主在个体内心的过程发生，称为"反应型自主"。

Koestner 和 Losler（1996）采用日常经验法对这两种类型的自主进行了区分，研究结果发现这两种类型的自主关联很少，以不同的方式影响日常生活、情绪调节策略。Koestner 等人（1999）设置了由一个专家提供信息帮助大学生在赛马场打赌赢钱的情境，结果发现两种自主型学生在对可靠专家的做出完全不同的行为反应，反应型自主者明显积极采纳可靠专家的建议，而反应型自主者明显消极采纳专家意见，这项研究也支持了自主类型的划分。

## 1.3　自主的结构

自主作为主体的一种心理机能是具有心理结构的。这个心理结构是单维的，还是多维的，不同的研究者有不同的看法，比较有代表性的自主结构划分如下。

### 1.3.1　自主的单维结构

许多研究者都将自主作为一个单一的维度进行研究。以精神分析学派和 Murry 为代表的人格心理学家将自主作为一种个体与他人的分离（separation）或疏远（alienation，isolation）。A.Freud（1958）认为青少年"自主"是一种脱离父母的成长感。Murry（1938）认为自主就是一种"走自己的道路，不受他人影响或胁迫"。而以 Deci 和 Ryan（1985）为代表的心理学家将自我管理（self-governance）作为自主的核心特征，是"自我管理的自由，是根据自我意识而不是外界控制做出选择"。

### 1.3.2　自主的二维结构

Wiggins（1991，1997）认为自主有两层相当不同的含义：一是活动的施事者（控制者 / 发起者，agency）；二是分离（separation），独立于环境的强烈愿望。Wiggins（1997）将自主的施事而且与自我管理有关的方面标定为 autonomy1。他指出有关主动施事的主题明显在强调自我维护、自我主张、自我扩展等，强调一种掌控情境的愿望。他指出，autonomy1 是以被动到主动施事的连续变化体形式存在，被动作为施事的对立面，反映出外部力量对个体的影响。相反自我管理的个体是受内心约束的，是主动做出行为的 . 这与将自主作为自我管理的观点与概念的起源一致。Bakan（1966）定义中的自主是"个体的一种有机体存在"，与施事不同，Wiggins 把焦点转向自主的另一方面"分离、疏远和孤独"，命名为 autonomy2，其本质是分离的，它的反面是交流（communion）（见图 1-1）。

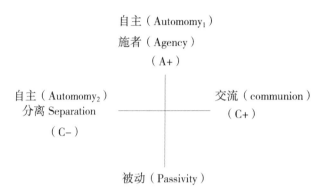

**图 1-1　Wiggins 的 autonomy1 和 autonomy2 的结构图**

此外 Cardol，De Jong 和 Ward（2002）也主张自主是二维结构。他们指出自主概念包含两个最重要的方面就是决定自主（decisional autonomy），即不受外部约束以做出决定的能力和执行自主（executional autonomy）即根据个人的愿望行动的能力。

### 1.3.3　自主的三维结构

许多研究者倾向自主的三维结构划分,但不同的学者划分的维度不尽相同。

Hmel 和 Pincus（2002）对 15 种自主量表汇总起来作结构分析，发现自主概念有三个因子：自我管理（self-governing，Ⅰ）、施事分离（agentic separation，Ⅱ）、抑郁倾向（indicative of depressogenic vulnerability，Ⅲ），这三个因子在人际环种的矢量分布图（见图 1-2）。

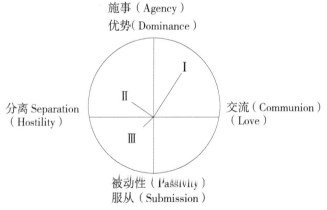

**图 1-2　自主概念的冠从分析结果（Hmel & Pincus，2002）**

Noom，Dekovi č 和 Meeus （2001）认为青少年的自主包括三个维度态度自主、情绪自主和功能自主。态度自主值得是选择和决定一个目标的认知过程；情绪自主指在对个人选择和目标上感到自信的情感过程；功能自主指采用调节策略达成这些目标的调节过程，并在 12 ～ 18 岁青少年中验证了该结构的存在。

Chickering 和 Reisser（1993）认为个人自主包括三个方面：建立情感自主，获得工具自主，最终认识到与他人的相互依赖。情感自主的过程开始于脱离父母，进而依赖同伴，最后达到个人自主。工具自主是达到自我指导，获得独自冒险的能力，最后一个方面是认识到自己与他人的相互依赖。林美珍和邱文彬（1999）在中国台湾地区大学生中验证了该结构。

国内研究者邹晓燕和杨丽珠 （2005）、邹晓燕和贾玉梅（2008）提出自主的三维结构：自我依靠、自我主张和自我控制。自我依靠是依靠自己的力量，相对的不经常寻求别人的帮助；与此相反的方面是依赖。自我控制是指主动克制自己的不合理愿望，调节自己的行为；与此相反的方面是任性。自我主张是指能够相对的自己做主，不受别人影响和支配；与此相反的方面是从众。是指依靠自己的力量，相对地不经常寻求别人的帮助。他们分别在儿童和青少年中验证了自主的三维结构。

### 1.3.4　自主的三维以上结构

有研究者提出自主有更多维的结构，如 Frank，Avery 和 Laman（1988）提出自主的五维结构，其中独立、做出决定这两个方面与能力有关，个人控制、自恃（ self-assertion ）这两个方面与情绪自主有关，自我 – 他人（ self-other）责任这个方面与分离有关。史清敏，金盛华和山田敬（2003）认为自主是指个体在实现外在或内在的目标时，独自从多角度进行分析，自行评价、反省自己的行为，为自己的行为负责的个性特征，青少年的自主包括判断力、自发性、独创性、责任性、自律性、自我控制等八个维度。

文献研究发现自主的心理结构以二维和三维结构的最为普遍。理论研究中研究者强调自主是二维性结构，而实证研究中研究者更多地强调自主是三维性结构。Hmel 和 Pincus（2002）对 15 种最优代表性自主量表进行了跨理论分析研究，研究结果证实自主是三维结构，但他们认为 Beck（1983）提出自主的抑郁倾向（indicative of depressogenic vulnerability），即自主水平高的个体具有患反应型抑郁的风险是对自主的误解。Hmel 和 Pincus 进一步分析指出自主的三维结构与理论上对自主的理解存在不一致，可能与研究方法有关，因为迄今为止自主都不是用一个完整自主性量表测量的，他们建议开发一个自主量表来验证自主的多维结构。

## 1.4 自主的测量方法

国内外对自主的测量主要有以下 4 种方法。

### 1.4.1 语义分析法

语义分析法（method of semantic differential）是运用语意区分量尺来研究事物或概念"意义"的一种方法。最早由 Osgood，Suci 和 Tannenbaum（1957）所创造。这种方法以纸笔形式进行，要求被试者在若干个七点等级的语意量尺上对某一事物或概念进行评价，以了解该事物或概念在各评量维度上的意义和强度。一个量尺等级序列的两个端点通常是意义相反的形容词。西方研究者在各个领域中都已广泛使用该方法，国内夏凌翔和黄希庭（2007）通过语义分析法研究自立、自主、独立的结构及其关系，发现自立是与自主、独立不同的、有中国特色的概念。

### 1.4.2 自陈法

自陈法是以自我报告的形式出现，即对拟测量的个性特征编制若干测题（陈述句），被试者逐项给出书面答案，依据其答案来衡量评价某项个性特征。心理测试中最常用的是一种自我评定问卷方法。自主的研究中不少研究者都专门编制了自陈的自主量表，包括 Smetana（1995）编制的领域特定性模型（domain specificity model）问卷、沃辛顿自主量表（Worthington Autonomy Scale）（Anderson，Worthington，Anderson，& Jennings，1994）及 Noom 等人（1999）编制的青少年自主问卷（Adolescent Autonomy Questionnaire）。

### 1.4.3 他评法

他评法是研究者通过观察法、访谈法等方法来收集资料，之后由研究者根据有关的编码系统等手段来评价自主。研究者观察记录青少年和父母之间的交互作用，并对这个过程进行编码。比如，青少年自信和个性的表现，家长对青少年自主性的推进和阻碍等（Allen, Hauser, Eickholt, Bell, & O'Connor, 1994b）。目前，这方面最为流行的编码系统是由 Hauser、Allen 及其同事创立的自主联结编码系统（Autonomy and Relatedness Coding System）。他们邀请青少年和他们的父母参与讨论家庭问题，典型的讨论主题包括金钱、成绩、家庭规则、朋友和兄弟姐妹，以及交流、未来计划、酒精与吸毒、信仰及约会等。青少年和他们父母的交互作用就会被录下来，之后使用自主联结编码系统对录像和转录的内容进行编码分析，以确定母亲与青少年交互作用中展示或破坏自主的行为。

Frank 等人（1988）通过青年与父母面对面交流来评估青少年人的自主与关系（relatedness）体验。这个研究中，他们会让青年与他们的父母交流1.5 个小时，然后通过对录像和转录的内容进行编码分析，评估在做出决定、相互给予帮助与支持、青少年需要与父母需要的冲突等频率，情绪紧张、沟通、亲密和关系的体验，以及青少年对父母力量和弱点的评估等问题。

### 1.4.4 日常经验法

日常经验法（everyday experience methods）是通过研究日常生活中不断发生的事件经验，研究人的思想、情感和行为进程的一种方法（Reis, Sheldon, Gable, & Ryan, 2000）。与传统心理学观点不同，它关注日常活动，要求被试者根据主试者的规定观察和描述不断发生的活动，对自然背景下的行为进行详细的、准确的和多重的描述。它是在一种比较自然的条件下对被试者进行研究的方法。日常经验的数据包括相对客观的信息（如社会接触的次数）和对直觉印象和心理状态的主观描述（如情绪、自我价值感）。日常经验法的理论基础主要在于运用个体对其心理活动的即时描述，能使回顾偏见达到最小化，甚至消除。日常经验分为 3 种，即样例性经验、重建经验和发展中经验，它们从不同的角度观察同样的现象和过程（陈红、陈瑞，2006）。

Reis 等（2000）将自主作为日常生活中人经验的一部分，采用事件追随记录（event-contingent recording）评价日常自主（daily autonomy）。这种方法要求被试者记录下连续两周内他们每天花费时间最多的三种行为（睡觉除外）。然后被试者在一个从 1（完全不是）到 7（完全是）的量表上评定他们可能做某种行为的 4 种不同原因，即外在原因（"外在的情况迫使你做这个行为"），摄入的（introjected）原因（"你让自己做这个行为，以免焦虑或内疚"），认同的（identified）原因（"不管是否有兴趣，你感到这个行为表达了你的真实价值观"）和内在的原因（"你做这个行为纯粹是因为做的兴趣和快乐"）。计算分数时，四种原因的权值不同，内在的为 2，认同的为 1，摄入的为 1，外在的为 2。日常自主分数就是根据被试者提到的三种行为计算出的平均分。这种权重后合并成获得的是相对自主指数（Relative Autonomy Index, RAI），与单个分量表的分数相比，这种方法比较整合，更能清晰地反映出个体行为动机的相对自主程度，以及随着主体从事的活动中出现波动性，因而得到了更为广泛的应用（Koestner & Losler, 1996; Niemiec et al., 2006; Reis, et al., 2000）。

此外，一些研究者编制了特定的问卷来测量某种自主。如 Steinberg 和 Silverberg（1986）编制了一个包括 28 个题项的情绪自主量表（Emotional Autonomy Scale, EAS）。该量表由四个维度构成，其中两个与认知成分更相关，即把父母看作普通人，如"当父母和他们的父母在一起时的行为与他们在家里的不一样"和父母去理想化，如"当父母与我的意见不一致时，父母总是对的"（反向题）。另两个与情绪内容更相关，即不依赖于父母，如"对于小孩来说，寻求他们最好的朋友关于某事的意见比找父母好"和个体化，如"有些关于我的事父母是不知道的"。被试者用李克特 4 点量表回答对每个陈述的赞同程度，即最赞同到最不赞同。高分代表情绪自主水平高。

综上所述，自主的四种研究方法各有长短，语义分析法有利于澄清自主的概念，自陈法将自主作为个体现象进行研究，有利于探索自主的结构，然而无法解释自主发展同时也是人际间的过程，作为人际间研究的方法学存在困难；他评法和日常经验法有利于揭示自主在人际间的动态发展过程，但是无法回答自主的心理结构是什么。自主是个复杂的概念，需要采用多种方法进行综合研究。

# 2 自主发展的机制

文献中关于自主发展的机制主要有四大理论：生物观、文化观、活动论和交互作用论。生物观认为自主的发展是以生理机能为基础的；文化观倾向于认为自主是一种人类的普遍行为，但是不同的文化自主的内容、表现形式和发展途径可能不相同；活动论认为自主作为主体的心理机能，在主体的实践活动中产生与发展；交互作用论认为自主根植在人际情境中，并在社会化情境中积极与连续的互动过程中建构与发展。

## 2.1 生物观

西方心理社会发展研究受生物学的影响颇深（Bugental & Grusec，2006/2009）。西方研究者首先将人作为独立存在的个体，认为每个生命都是追求有独立的存在，将自主发展等同于个体化的过程，侧重个体与群体分离。有三种代表性的观点从不同侧面阐释了自主的生物学基础：青少年生理成熟导致激素水平的变化，对青少年的自主发展有着复杂的影响，早熟行为自主反映了这种生理的负面影响；神经心理学研究发现影响自主调节机能的神经机制，定位在前额叶皮层、皮下纹状体 – 视区丘、海马和杏仁核及边缘系统；生物进化论从种群的发展角度认为青春期亲子间的疏远和适度的冲突对青少年成为独立自主个体是有利的。

### 2.1.1 生理成熟对自主发展的影响

尽管自主是青少年时期重要的心理社会发展任务，但青春期生理成熟如何影响青少年的自主的发展的，文献中并没有专门的研究。这与青春期的复杂激素变化有关，还与青少年的性别、青春期问题的特定方面、他们所处的青春期阶段、青春期变化的时间表和速度，以及青春期发生的复杂情境有关。生理成熟对心理机能的影响主要是通过它对个体外表的影响，而后者又会改变个体的自我概念和社会互动（Susman & Rogol，2004）。

有研究发现青春期睾丸激素的增加男孩更可能抵制权威，攻击性也强（Panksepp，1993）生物学研究发现，长期处于从属地位代价高昂——心血管张力和肾上腺（HPA）系统活性的变化会引起有害的结果（Abbott et al.，2003），成功地社会化意味着从属和力量的最小化。但有些研究者则认为青春期荷尔蒙变化的直接影响青少年心理社会发展的程度是非常小的（Buchanan，Eccles，& Becker，1992；Flannery，Torquati，& Lindemeier，1994）；而另一些证据指出，青少年的社会性情感和肾上腺素的水平关系更紧密，而不是和性激素的水平有关（Susman & Rogol，2004）。

青少年生理发育导致早熟的自主需求是青少年自主一个侧面（Haase，Tomasik，& Silbereisen，2008）。研究发现早熟行为自主与偏离行为（Beyers & Goossens，1999）、抑郁症状（Smetana，Campione - Barr，& Daddis，2004）、糟糕的亲子关系（Feldman & Wood，1994）等发展风险有关。一般来说，早熟的青少年与他们的父母发生的冲突，要比适时成熟或者晚熟的同伴更多，也更严重。多数研究者对此的解释就是父母并不同意青少年以身体的早熟作为他们获得更多自主的充分理由（Collins & Steinberg，2006/2009）。

### 2.1.2 神经机制对自主的调节

尽管研究主要是从现象学角度来定义自主，但自主是以特定的神经机制为基础（Ryan，Kuhl，& Deci，1997）。自主的调节特性是以一种对可能性的开放处理，并与之相匹配的敏感、需要和已知的限制为特征。这种特性和加工的深度很显然是依赖复杂的神经回路，这种回路的局部解剖与许多控制性动机过程不同。概括地讲，自主由监视和整合调节的前额叶皮层、促进或抑制动机的皮下纹状体 - 视区丘，与提供联系和情感信息的输入中枢海马和杏仁核之间的协调作用决定，神经机制的不同取决于我们是否告知做什么或是否能够行使我们的意志（Walton，Devlin，& Rushworth，2004）。特别是有突出的情感性事件相伴随时发生，干涉、抑制或损害前额叶区域的功能和边缘系统的连接会导致个体自主的混乱。

研究还发现边缘系统的变化对青少年寻求刺激的行为和采取冒险的行为有推动作用，这两种行为都需要脱离父母的控制而独立。边缘系统的变化发生在前额叶皮质成熟之前，而前额叶皮质的成熟却是可以巩固执行功能的多个方面，如自我调节，控制冲动、计划和深思远虑等，这种发展上非同时性会造成青少年寻求自主的需求与他们自我管理的实际能力之间的差距，使个体做出糟糕的判断。Steinberg 和 Scott（2003）认为在青少年的自我调节能力还没有发展成熟之前，经常把自己置于困难的或挑战的情境中。

### 2.1.3 生物进化论对自主的解释

进化自然观认为自然赋予包括无机世界在内的物质以某种活力和发展的倾向，认为自然是自我完善和自我指导的（高申春，2002），人作为高级动物也如此。进化心理学家认为青少年在青春期获得了生殖能力，并伴随着社会关系的变化，社会关系的变化又促进了生殖适应能力的发展（Weisfeld，1999）。社会生物学家解释青春期后亲子关系的疏远会降低近亲繁殖的概率，从而增强个体的生殖能力，对种族的进化具有一定的作用（Collins & Steinberg，2006/2009）。

有关人类和动物社会行为的共同研究表明，下一代对父母过多的依恋和亲密，也许对生理成熟不利，相反对父母的疏远可以促进其生理成熟（Belsky，Steinberg，& Draper，1991）。（Silverberg & Steinberg，1990）指出，在青少年早期，适度的亲子冲突对青少年的自主发展很重要，没有冲突的家庭环境可能会导致青少年对分离、独立及对外部世界的探索产生恐惧，但是高强度的、长期的亲子冲突同样是有害的。

## 2.2　文化观

个体不仅是生物的存在，也是文化和历史的建构（Markus & Kitayama，2003）。自主作为人参与社会世界的一种心理机能，在不同的文化背景下有着显著差异（Feldman & Rosenthal，1990）。心理学研究自主就离不开对"自我"的理解，而解释自我就必须放在文化心理学的大背景下。

心理学研究自我大多以文化两分的系统（cultural dichotomies）为概念导引，而最常使用的概念系统可谓"个人主义/集体主义"（individualism/collectivism）了。大多数学者都认为个人主义和集体主义是两套不同的文化症候群（cultural syndromes）或社会模式，统整了与某一社会中有关之规范、角色、类别、态度、信念、价值、认同和动机的核心议题（Kim，Triandis，et al.，1994；Singelis，Triandis，Bhawuk，& Gelfand，1995；Triandis，1996）。而自我的研究又分为本体结构研究、与功能运行研究，自我概念就是研究自我的结构，自主则是自我的功能与运行（陆洛，2003）。

文化是透过养育目标和养育实践来影响儿童的自主发展。通常认为北美和西欧是个体主义文化背景，重视个体的分离和自主，认为自我是一个有着独特内部特质的特殊实体；而中国、日本、韩国、南亚及南美大部分和非洲是集体主义文化背景，强调与群体的相互关联、接触、社会和谐，即强调的是人与人之间的相倚性（Triandis，et al.，1988）。当前文化心理学研究反对将集体主义和个人主义作为对立的两级，跨文化的研究越来越多地支持自主是一种跨文化的存在，是一种人类的普遍行为，只是在不同文化中表现形式和发展途径不同而已。

### 2.2.1　个人主义文化背景下的自主

个人主义的核心原则是在认识论上首先认为个体是分离的，本质上非社会的。作为欧美人，需要体验个体化。自我是个体的意义中心，它根植于一系列内部属性，如能力、才能、个人特质、偏好、主观感觉状态和态度。照料者、朋友、老师的一个主要的文化任务是持续地、循序渐进地帮助儿童个体化。即使当人们寻求并维持与他人的相互依赖——这是在任何地方都需要完成的社会任务——他们也会保持边界感，与他人相对分离，并且掌握控制。关爱、联结、关系倾向于采取个体化的主格（agentic）形式。

在那些更重视个体自主而非集体责任的文化和社会经济群体（如中产阶级的欧裔美国人）中，不依赖父母行事，做出与群体愿望相左的个人决策，坚持自己的观点，甚至挑战长辈等，都被认为是高度期望的特质，而那些没有充分展示情感自主或行为自主的青少年则被认为是心理发展不成熟的（Rothbaum，et al.，2000）。

### 2.2.2 集体主义文化背景下的自主

文化心理学研究表明集体主义文化背景下和谐的人际关系并不否认个体自主需求。一般研究者认为集体主义文化中自我与社会情境是相互依赖的，处于与他人关系中的自我（self-in-relation-to-other）是个体经验的焦点（Triandis，McCusker，& Hui，1990；Markus，Mullally，& Kitayama，1997）。但是这种文化背景中自我并不意味着是消极的或者是随大溜的，因为个体之间的和谐也是需要个体发挥自主，主动的关注。Mulder（1992）在描述印度尼西亚的和谐中提到："和谐不是天生就有的，它来自积极地相互尊重、相互调整。从这个取向看，个体必须能够共情，而且需要用行动灵活地避免伤害他人或者使他人难堪。"

自主研究虽根植于西方，我国学者进来研究发现中国文化中广泛存在着自主。首先，我国辞典和古典及现代文学作品中对自主都有反映。《汉语词典》认为自主就是"自己做主，不受别人支配"。另外，一些字典中"自主"的含义包括：独立自主、自己管理、有独立存在的能力等。古典和现代文学作品对自主也有着明确的记载，其一是婚姻自主，如明末清初著名戏曲家李渔在《风筝误·凯宴》中提到了："……如今婚姻一事，不能自主"。熊宪光和王亚琴（2000）分析《诗经·卫风·氓》后指出早期的"弃妇诗"代表作里已经蕴含着女性婚恋的自主、女性的自觉、理性的自省、人格的自立等深意，只不过没有被充分重视；其二是个人，蒲松龄的《聊斋志异·西湖主》中也出现过自主："实怜君才，但不自主。颠倒终夜，他人不及知也。"《红楼梦》第八十一回提到类似的概念："我也不记得了，但觉自己身子不由自主，倒像有什么人……"。巴金在《灭亡》一书中的自主则更偏向"自己做主"的含义："……但他是自己是不能自主了。"其三是政治自主，章炳麟所著《驳康有为论革命书》："……逮乎隋唐统一，汉族自主……"。

其次，我国研究者对中国古代文化的研究发现中国文化中有类似自主的概念。一是在汉语中与"自主"相类似的词有很多，如自立、自理、自奋、自疆、自新、自拔、自救、自告奋勇、自强不息、自力更生、自给自足、自食其力、自动自发等（杨中芳，1991）；二是汉字"我"的解释。《说文》训"我"曰"施身自谓也，从戈，从手。手者，杀之古文。戈而杀者，谓之'我'"；易白沙（1916）对此解释道"'我'之名词，即个体与他体、此族与他族宣战之名词也。自我以外，皆非'我'也'我'之性质即独立之性质即对于他人、他族宣战之性质。"三是中文自立是与自主最接近的概念，在200部常见中国古籍文献中对"自立"都有不同程度的界定，与西方"自主"概念不同的是中国的"自立"概念强调了人际联结与道德因素（夏凌翔、黄希庭，2006）；四是五四运动以后，"自主"在近代及现代文化中广泛使用。新文化运动代表人物陈独秀（1915）对自主曾有精彩论述"我有手足，自谋温饱我有口舌，自陈好恶我有心思，自崇所信。绝不认他人之越俎，亦不应主我而奴他人。盖自认为独立自主之人格以上，一切操行，一切权利，一切信仰，唯有听命各自固有之智能，断无盲从隶属他人之理。"；五是对中国人"自己"概念研究发现中国人崇尚自奋自发自强，与西方自主的概念非常相似，其含义包含①一切从自己开始做起，主动去做；②由自己做主决定去做；③自力去做，不靠别人，④不懈地能力去做；⑤向上改善自己（杨中芳，1991）。

最后，何友晖（Ho，1981）回顾了中国社会养育文化，指出中国人的社会教化中心观念是"对冲动的约束"，杨中芳（1991）总结为"自制""去私"，为了帮助一个人"克己复礼"，超越"个己"，达到自己与社会融合一体的最高境界；而且中国人强调"自立自强"，鼓励每个人从"自己"开始，依靠"自己"，朝修养"道德自己"的方向不懈前进。汪凤炎（2004）认为古代中国人健全的"我"是一个"独立自主"的"我"。杨中芳进一步指出中国人的自我构念不同于西方的是强调自奋自发、靠自己的价值观，这是不同于西方的一种自主。

### 2.2.3　自主具有跨文化性

越来越多的研究者倾向于认为人际相倚性和自主在任何文化都有其主要地位，但作为特定文化背景下存在的价值观和目标功能，他们的表现形式又有所不同（Rothbaum，et al.，2000；Greenfield，Keller，Fuligni，& Maynard，2003）。

Turiel（2002）认为个体要求独立于群体的自主要求是普遍存在的，而不仅仅是个体文化的特征。对于多种文化背景下自主和互联性的分析发现，自主和互联性在不同文化的侧重点和表现形式是不同的，但是任何一种文化都重视与他人的感受和对自己行为的控制感。如以色列的德鲁的等级社会力，男性和女性在权利和个人自主上存在差异（Wainryb & Turiel，1994；Walton，et al.，2004）。Helwig 等（2003）报告中国儿童在社会推理中也会表达权力、个人自主、民主规范等，更多的跨文化研究支持了这一观点（Wainryb & Turiel，1994；Yau & Smetana，1996；Chirkov，Ryan，Kim，& Kaplan，2003；Helwig，et al.，2003；黄任之，2008）。

另一方面越来越多的研究者反对将集体主义和个人主义作为文化的两级对立起来，认为科学技术的发展打破了传统的文化划分，纯粹的个体主义和纯粹的集体主义都很少，所有社会都和个体中都存在集体主义和个体主义（Brewer & Gardner，1996；Killen & Wainryb，2000）。而 Yang（1996）认为受信息时代的影响，中国人的人格从传统向现代发展，独立自顾或独立自主的特点是现代中国人的核心特质之一。Yau & Smetana（1996）研究发现中国青少年也是在冲突中体现自己行使或维持个人权利，表现出类似西方青少年表达个体化和自主需求。

## 2.3 活动论

发展心理学的活动论，也就是行为的社会建构理论，深受前苏联的维果斯基（Vygotsky）及其学生研究工作的影响。基于辩证唯物主义原则，维果斯基把人的自主性与社会历史进程联系起来，个体发展的相关活动受到文化、社会历史及物质条件的限制，这些限制构成了行为和发展的可能选择范围，对自主的考察不能抽空这些外在的因素。活动论认为人既是积极的产生者，也是他／她自身发展的产物，个体的自我反思和自我调节在塑造自身发展和成熟起着重要的作用，青少年在迈向成年的过渡期中，独立自主发展任务变得更重要，与目标、规划等相关的自我意向活动和自我调节活动会变得更分化、更具体（Brandst·dter，2006/2009）。

自主的活动从根本上来说就是活动中人的自主。系统论认为人是一个由自身需要和活动目的倾向作动力的、由自我意识调节控制的自我组织、自我活动的系统。人的活动过程是在自身的意识（而非纯粹的生物调节力量）的调节控制下展开的有意识的自觉的过程（陈佑清，2002）。马克思（1875/1974）人作为一种对象性存在物，对自然界、外部感性世界必然具有依赖性。但人又不是消极地依赖自然界、外部感性世界的恩赐来保证自己的生存和发展的，是在自觉意识到这种依赖性的前提下，使自己在同自然界、外部感性世界所发生的必然联系中处于主体地位，并按照自己的力量、需要和方式来掌握自然界和外部感性世界，依靠自己的力量来保证自己的生存和发展，这种自主是对依赖性的一种扬弃（史民德，1998）。前苏联心理学家列昂节夫提出了对人的心理做整体理解的方法论原则，即以活动为基础的活动、意识、个性相统一的原则。列昂节夫将人的需要、动机当作是与人的活动存在内在联系的东西，并且以之说明人的整体心理——个性的构成（陈佑清，2002），自主也就人作为主体的活动。

个人在活动中是否具有自主，与活动的性质有密切关系：第一，取决于个人与活动客体关系的性质。个人的自主在这里表现为个人因是客体的支配者和控制者而成为主体，能够"根据对自然界的必然性的认识来支配我们自己和外部世界"，而不是让自然"作为盲目力量来统治自己"（马克思，1875/1974）。第二，还取决于个人能否成为自己活动的主人，个人的自主在此表现为能以自己的思维来支配自己的行为，去认识和改造客体，而不是盲目地顺从他人的意愿，同时还能够进行自觉的自我调节和自我控制，而不是自以为是、自行其是，而是个人的自律性（单志艳，2002）。

## 2.4 交互作用论

心理发展的交互作用论认为有许多心理特征和行为是被遗传和养育共同影响的。传统的交互作用理论将个体和环境看作两个分离的实体来对待，个体与环境之间的关系是单向因果，将个体看作是受环境影响的对象，如传统理论认为社会化是看护者将社会标准、规则和社会规程传递给儿童。近来研究转向关注遗传和环境的交互作用。越来越多的证据支持遗传 – 环境的唤起性相关——儿童的遗传特质可以影响社会化环境，而由此产生的信息又会影响儿童的行为，遗传与孩子是双向作用的。

生态学理论主张个体与环境存在复杂的交互作用，家庭内和家庭与其所处的更大范围内的社会环境之间均存在着双向关系。生态学理论将个体所处的环境看作是一个多个层次嵌套的系统，每一个层次镶嵌在另一个更高水平的层次之中（Bronfenbrenner，1979），对儿童的发展有全面透彻的了解，就必须考虑到父母的作用。家庭是个体的近体环境，家庭中的不平等关系是自主存在的必要条件。青少年在家庭中确立行为自主努力的，而其情感自主的发展是在与父母或养育者的关系中增强的，亲子之间的冲突被认为是青少年追求独立自主过程的变现形式。

受生态学理论的影响，现代交互作用不仅强调个体环境之间的交互作用是双向的，而且认为这种交互作用是连续的、复杂的。个体与环境所组成系统中的所有组成部分（个体、社会系统所处的社会网络，以及更大范围的环境因素）都在不断变化中，而儿童的社会化是否有效取决于父母的教养方式和儿童特质间的匹配程度（Kim, Conger, Lorenz, & Elder Jr, 2001）。有研究表明，父母对儿童特性和观点及对即时情境特征的了解，而不是特定的策略或教养方式的运用，决定了教育活动的有效性（Grusec, Goodnow, & Kuczynski, 2000）。

西方心理学越来越多地认为自主的发展根植在人际情境中。自我决定论认为青少年自主的发展需要来自重要他人的自主支持（autonomy support），缺乏自主支持的社会关系会对青少年的幸福感造成破坏。自主支持（Deci & Ryan, 1987；Ryan, 1993）通常是指个体对他人观点及促进自发表达和行为的假定预备状态，也是父母重视并使用技巧以鼓励孩子选择、自我发起和参与决策的程度。精神分析认为人类追求独立自主的需求早在婴幼儿时期就存在，将青少年的自主发展看成是一个个体化的过程，是人际间关系转化的过程。社会领域理论认为个人事务的自主观念是儿童与成人的交往中不断进行选择、决定及与成人进行讨价还价的过程中形成和发展的。

Collins 和 Steinberg（2006/2009）综合这些理论，提出了自主发展的人际背景理论。他们认为青少年是发展的主体，个体自主（无论是情绪的、还是行为的和认知的）的发展过程植根在家庭关系和同伴关系这样的人际环境中，在社会化情境中积极与连续的互动。青少年自主的发展实际上几乎总是意味着个体从某个人（如父母）、某个群体、某个机构中独立出来，或者与这些人、群体、机构存在某种关系。自主的发展必然包括两个方面：个人能力的变化（如青少年独立决策的能力）和个体与他人或机构之间关系的变化，这些人或机构常有意无意地影响着青少年的情绪、行为和信念。

总而言之，自主既是个体化的过程，也是社会化的过程。生物基础在一定程度上限制了个体的社会化，社会化实践如果过多或过早强调自主，没有充分考虑到彼此的相互依赖，就可能遇到抵制；同样，如果个体没有由于生物因素性和群体发生某种分离，并企图压制自主行为的社会化实践也可能受到抵制。

# 3 自主发展的过程

青少年的自主发展是指每个个体独特性的形成过程，是个别化和分化的要求，在生命早期开始，并贯穿人的一生，也是个人获得完善的同一感觉和对自身命运的控制感的必由之路。文献中有四大理论阐释了自主的发展，精神分析阐释了个体在与父母的分离过程中完成个体化的过程，同时获得了情感上的自主感；自我决定理论从个体从外控到内控的社会化过程中，阐释了个体自我调节能力的发展；主体理论提出在个体从无主体意识到部分主体、再完全主体过程中，自主作为一种心理机能，在自我调节和表现过程中从不成熟到成熟，从低水平到高水平的发展趋势；社会领域理论则具体探讨了在亲子关系的变化中青少年是如何形成个人自主的，以及表现自主的形式、内容和年龄的发展特点。其中，精神分析对青少年自主发展研究影响深远，西方相关文献中普遍将自主的发展看作一种个体化的过程。现代自我决定理论和社会领域理论分别从个人内和人际间阐释了自主的发展过程，以俄罗斯心理学家为代表的主体心理学则将自主做主体的前功能，从人的整体性阐释了自主的发展，这一理论相对前面三个理论而言，要粗糙，而且在自主性发展中难以与人的能动性想区别。但是主体心理学将人作为一个整体的视角可以补充西方个体心理学的不足。

## 3.1 精神分析理论

青少年自主的发展理论深受精神分析的影响。精神分析认为人类追求独立自主的需求早在婴幼儿时期就存在，将青少年的自主发展看成是一个个体化的过程，是人际间关系转化的过程。Mahler 等人（1975）提出分离 - 个体化（separation-individuation）的概念，意味个人是否有能力与父母在心理上分离而认为自己是一个独立的个体，青少年期情感独立性的发展被定义为不再依赖父母；亲子冲突被认为是分离过程正常的表现形式（Freud，1958）；青少年的个性化是情感自主发展开始的标志（Blos，1967），而自我同一性的形成则是其完成的标志（Erikson，1968）。婴幼儿出生后到3岁左右是个体经历第一次分离—个体化的过程（Mahler，Pine，& Bergman，1975），青春期则是第二个分离—个体化过程（Blos，1967）。Hoffman（1984）编制了心理分离自陈量表，是测量青少年独立自主最常用的工具之一。

### 3.1.1 经典精神分析学派的观点

经典精神分析学派认为，青少年"自主"是一种脱离父母的成长感（A.Freud，1958），精神分析理论认为青少年自主的发展产生于青少年早期。例如，弗洛伊德就认为青少年获得自主的过程就是青少年脱离父母的过程（process of detachment from parents），这一脱离过程由青少年生理变化引起，其特征是家庭内部的"暴风骤雨"（storm and stress）。弗洛伊德认为青少年叛逆是不可避免的，是正常的。从这一理论出发，精神分析理论将青春期自主的发展定义为是脱离父母的自主（autonomy from parents）。

### 3.1.2 新精神分析理论的观点

新精神分析理论对传统分析理论的脱离观点（view of detachment）持否定态度，该理论强调青少年自主发展的个体实际上是一个青少年实现个体化的过程（process of individuation），而并非旧精神分析理论所说的"脱离"。新精神分析理论认为，个体化就是指青少年在从心理上摆脱父母影响的同时，建立起更为清晰的自我感（clearer sense of self）。新精神分析理论淡化了青少年在寻求情感自由和行为自由时所出现的行为激烈性，而更强调青少年自主的发展是一个较平静的过程，在此过程中，青少年建立起对自己和对父母的新看法（Steinberg，1990）。

### 3.1.3 现代客体关系理论的观点

现代客体关系吸收了主体间原理，同样认为健康、成熟的个体是在同环境进行相互作用的过程中发展起来的。但温尼科特认为个体的健康发展与母亲的照料密切相关，婴儿从绝对依赖发展到相对依赖，再发展到独立自主（都浩丽，2007）。而科赫特认为个体的发展不是从依赖走向独立，而是个体与自身对象的关系越来越成熟，关系水平越来越高（蔡飞，2000）。

文献中与父母情感相依是否有助青少年独立自主发展是有争议的。有些研究者（Blos，1967；Hoffman，1984）认为青少年必须撤离对父母的情感以达到真正的自主；而有些研究者（Byrnes，Miller，& Schafer，1999）认为适当分化的家庭具有弹性及调适能力，可以使家庭成员在分离与联结之间保持平衡。有关情感自主发展的实证研究显示，青少年情感独立性的发展是个人内部和人际间双向变化的过程，这个过程影响着个体与他人之间的关系，同时个体也被自己与他人之间的关系所影响，并通过这种关系表现出来。

## 3.2 自我决定论

自我调节能力是展现自主的重要方面，个体的调节能力的变化会贯穿他的一生，而且根据主体需要的变化进行调节（Ryan，2005）。自我决定论是基于人的自我决定需要的一种认知动机理论，它关注人类行为在很大程度上是自愿的或是自我决定的，强调自我调节在动机过程中的能动作用，重视个体的主动性与社会情境之间的辩证关系。Ryan 和 Deci（2000）认为自我决定不仅是个体的一种能力，而是个体的一种需要。人们具有一种基本内在的自我决定的倾向性，这种倾向性引导人们从事感兴趣的、有益于能力发展的活动，从而实现与社会环境的灵活适应。

内在化是个体由外向内转移行为调节的加工（Deci，Koestner，& Ryan，1999; Grolnick，Gurland，Jacob，& Decourcey，2002）。个体在特定的文化背景下，起初由外部奖赏所控制的行为由于受到重要他人的推崇，与这种行为有关的态度或信念逐渐成为个体自我的组成部分。这是人们主动内化有助于实现自我决定需要的价值信念或调节方式，使自己的行为由他律走向自律的过程。

Ryan 认为只有当个体同时具有自主和能力时，内在动机才会发生。Deci 和 Ryan（2000）描述了从外部向内在动机调节的进程，从最少到最多自主的动机演化过程（见图 1-3）。当动机从外向内变化时，个体行为调节经历四个过程：①外部调节：由个体外部开始调节；②内射调节：基于他应该或不得不实施行为感觉的内部调节；③认同调节；④整合调节。Deci，Eghrari 和

Leone（1994）认为提供合理理由、承认参与者的感受、自主支持是支持自我决定促进动机内化的三个重要条件。

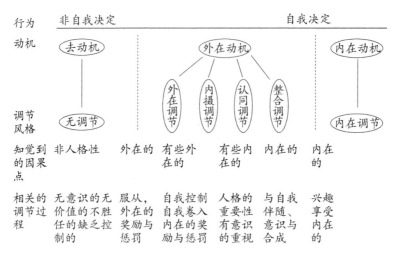

**图 1-3　自主动机演化过程**

## 3.3　主体心理学

以俄罗斯心理学家为代表的主体心理学认为任何人不是生而为主体，而是在生活、交往和其他能动性形式中成为主体，人最大地个别化，也就是表现自己动机，能力和心理组织的特点。自主是人在初级发展阶段时表现出来的某种特性，而主体性是人在完成社会化意义上的相对于客体而言的整体特性（郑发祥、史湘琳，2007）。自主是主体自我意识和自我能力尚未达到完全成熟水平阶段呈现出的特性。主体性早期阶段呈现自主，自主的具体体现又关系到今后个体主体性发育的水平。自我意识和自我能力的发展水平是衡量人的主体性两个主要标志。自主的衡量同样是以此为标志的。所以自主属于体现在实际上就是尊重和发挥他们的自我意识与自我能力，自主是前主体的发展。

主体心理学吸纳了 Erickson 心理社会发展理论，根据人主体性的获得、达到顶峰、逐渐消退到最后消亡的个体生命过程划分个体心理发展阶段，当主体从无到部分和完全发展时，自主也随之从不成熟到成熟、从低水平意向行为向高水平意向行为水平发展变化（郑发祥、史湘琳，2005）。

（一）前主体阶段（0～1岁）这一阶段儿童心理的发展特征为，缺乏自己对外界的认识关系，自给自足的水平低，不能独立实现大多数行为和心理能动性的模式。

（二）无定形主体性阶段（1～3、4岁）这一阶段儿童通过他人的帮助实现了自己的主体性，但心理结构的分化性发展还不够充分，自主体现为一些自发、主动的探究行为。俄罗斯心理学家菲利斯坦1996年曾指出3岁的儿童完成了认识人的世界的第一个循环，开始记录自己新的社会状态；因为他区分出了"我"，意识到自己，也就确立了自己的主体地位。

（三）部分主体性阶段（4～6岁）处于这一阶段的儿童掌握了社会行为方式，已经足够独立完成部分形式的活动。自主体现为能对主要的身体机能和某些心理能动性进行自我调节，通过游戏实现与社会实现和他人之间不同形式的交互作用。

（四）认识主体性阶段（6～12岁）这一阶段儿童的兴趣首先倾向于认识外界环境和自己。他们完善了认识的方式，积极地储备信息知识；语言逻辑思维整体地占主导，主体掌握了某些科学知识，积极投入认识活动中；他们出现了比较完善的不同形式的社会行为（表现在学校、家庭、与同伴的交往与游戏中）。但是他们只是外在的、形式上的、表面上学会了基本的活动和交往方式；"我"是模糊的，认识过程和个性特征连在一起；对事件和他人的态度整体地决定于对他们的认识；由于自己的心理世界分化还不够，不能有意识的实现心理能动性的自我调节。

（五）矛盾主体性阶段（12～17岁）在这一阶段，主体性的成熟导致对自身同一性和性别属性自我意识的急剧发展，人开始成为自身大多能动性发式的主体。这一阶段的人出现了对自己独特性和个体性的理解；受思维发展水平的限制，还缺乏足够的对自己心理表现的调节和控制能力，缺乏内在心理的确定性。这一阶段个体的自给自足性和独立性同时与对外界和他人依赖性并存。

（六）个体的主体阶段（17、18 ～ 25 岁）这一阶段个体获得对自己的认识，包括世界观、思想体系、对劳动和他人的态度；通过完善的认识及在职业实践活动中的经历，主体的能力得到实现和发展。作为心理能动性的主体在这一阶段发展达到了顶点，获得了内在的确定性和整体性。这一阶段意味着个体自主的发展成熟，转入主体性发展中。

## 3.4　社会领域理论

20 世纪 70 ～ 80 年代社会领域理论（social domain theory）把儿童自主的发展看作儿童的能力、道德观念、常规观念和个人事务观念发展中多重相互影响的产物。Smetana，Killen，Nucci 是社会领域理论的代表人物，他们通过研究在不同领域中的父母权威和青少年个人自主的认知来考察青少年的自主发展水平。

个人事务自主观念的产生和发展主要与其对父母、教师权威的认知有着密切的关系（Killen & Smetana，1999）。通信、娱乐活动、交朋友等被儿童和青少年看作是个人事务，他们是通过与父母或教师权威的讨价还价、协商等交互作用开始建构他们对个人事务范围的理解，并逐渐扩展个人事务自主领域。而许多父母也认为孩子成长为正常的、符合一定习俗要求的且具有独特个性特点的个体，是父母权威的限制和给予孩子自由的选择相结合的结果（Nucci，Killen & Smetana，1996）。父母允许孩子对个人事务进行选择和决定培养了孩子的自主和个性，并有利于孩子力量感、自尊和能力的发展（Nucci，Camino，& Milnitsky- Sapiro，1996）。

有研究表明，无论是在集体主义文化还是在个体主义文化中，无论是在家里还是在学校里，3.5 ～ 4 岁的孩子就已初步发展了个人事务自主的观念。他们认为吃什么、穿什么、和谁玩、玩什么等是他们自己的事情（Audila-Rey & Killen，2001；Nucci & Weber，1995），应由他们自己说了算。随着年龄的增长，儿童所持有的个人事务自主观念越来越清晰，年长的学前儿童更可能把个人问题看作应由孩子决定而不是由成人决定。到了 5、6 岁，儿童已经在家里和学前教室里发展了较清晰、稳定的个人事务自主观念。随着年龄的进一步增长，儿童要求由他们自己做决定的事情越来越多。

当孩子进入青春期，父母和孩子都认为青少年应该对个人事务有更多的自主权，个人事务的范围也应随年龄的增加而拓宽，如对衣服、电视节目、音乐、朋友和娱乐活动的选择，应给予青少年更多的自主决定权。与此同时，青少年和父母对个人权限范围的认知有了较大的分歧，青少年认为父母所给予的自主权远远少于青少年应该有的。因为青少年首先强调他们对这些事情有自主决定的权力，父母或老师无权干涉；而且父母、教师对个人事务的看法和约束也越来越被青少年看作是无效的（Yau & Smetana，1996；Smetana & Gaines，1999）。但父母或教师从青少年身心健康、安全和社会规范的角度考虑，坚持对这些事情的控制权。由此导致了亲子之间就个人事务冲突的突增，且冲突的高峰期是在青春早期并持续到青春中期结束（Yau & Smetana，1996）。

有研究者认为青少年和父母就情境性常规、安全和交友等问题的冲突，是青少年自主发展过程中必不可少的斗争（Smetana & Asquith，1994）。Sliverberg 和 Steinberg（1990）指出在青少年早期，适度的亲子冲突对青少年的自主发展很重要，没有冲突的家庭环境可能会导致青少年对分离、独立及对外部世界的探索产生恐惧。但高强度的、长期的亲子冲突同样是有害的。

## 3.5 自主的最优化发展

自主的发展既有积极的意义也有消极的意义。在哲学和教育中自主是一种健康、积极的力量。近代欧洲哲学家康德（1788/2000）指出，人是为了一种高尚的、有意义的"存在"而活着，要达到这个目标，就要坚持人的自主——自己为自己做主的生活方式，并建构这一生活方式的道德意识和道德能力，这被称为对自主的真正阐释；在现代社会和现代教育中自主被认为是道德行为、承担道德责任及促进个人发展的前提条件，并被作为教育的目标

（张奇峰，2009）。但是 Beck（1983）基于抑郁认知模型提出自主水平高的个体患反应型抑郁的风险高，即自主的抑郁倾向（indicative of depressogenic vulnerability）。早熟行为自主与风险行为的研究，似乎证实了自主也存在消极的方面。因此，Ryan（2005）从临床上区分了抑郁倾向的自主与健康、成熟的自主。

### 3.5.1 自主有别于自恋或自我关注

Kohut（1978）认为自恋是指那些为自我心理需求受阻而痛苦的人（如不协调或贫乏的镜像）。自恋的人越是将他人知觉为"自我的客体"或处于他们自身的需要之中，而不是一个截然不同的个体，这种基于外部条件的依赖使他们越是不能照顾自己的情感，自我调节。相反的，自主水平高的人会内化对照料者的安慰和镜像功能，因此他们能够自我调节，这是自信和意志的基础，也是成熟的人际关系基础。所以，自主来自于对支持的需求的经历，自恋则产生于剥夺或侵犯的经历。

### 3.5.2 自主也区别于非意向性的自我调节与自我控制

Ryan（2005）认为边缘性人格障碍（BPD）可以描述为一种自主的障碍。边缘性人格障碍患者突出的特征是没有感到属于自我认可的意图，而是体验到强迫（被迫的或异己的）、冲动（非自我调节）或解离（否认或不完整）。根据自我决定理论，Deci 和 Ryan（1985，1987，1991）认为自主与真实的意志和意图有关。他们将行为区分为意向性行为和非意向性行为；只有当意向行为是自己发起的，人们才体验到是自己期望改变的原因，且为自己的行为承担责任（deCharms，1992）。虽然许多行为反映了认知的控制，但不是所有的控制行为都是自我认可或反身的，如强迫行为是可以控制的但不会感受到真实的意志。同样，尽管所有组织行为都是有意图的，但不是有意图的行为都是自主的。因此自主行为既不是一味地固执，也不是鲁莽的冲动，更不是虚假的或非意向性，而是基于一种能力，这种能力既考虑情感和期望也考虑环境的压力或限制，并发现这些力量的综合性。

### 3.5.3　自主是源于真正的或真实自我的表现

Rogers（1961）认为放下掩饰和成为真实的自己是以人为中心的核心观点。Brinich 和 Shelley（2002/2008）认为真实性是指①感到是一个主人或能够控制自己的行为；②感到个人的评价和行为是真实的，而不是伪装的、扭曲的、或虚幻的。只有当人能够真实时，个体报告自己的价值感、整合性和幸福感就会更高。Winnicott（1965）认为当人们按真实自我行事，就感到真实，与他们的核心需求和情感有关系。真我是充满活力的、全心全意的行为基础，与主动感和意志感有关，相反的，如果根据虚假的自我行为，人们就表现出"似乎，好像……"人格，即表现出试图应对那些不认可或无效的社交情境。虚假的自我并没有真心接受对社交情境妥协，或对外在需求反应性调节，说明个体外在表现与深层次的情感、需求分裂。

自我决定论延续了积极心理学的观点，对各学派自主观点和研究进行了分析综合，提出自主是人类身心健康成长的"养分"（Ryan，2005）。Blatt 和 Blass（1996）主张自主是在人际关系中以一种积极的方式相互作用，即在不牺牲于他人联系的前提下实现个体化（individuality）。如果一个青少年能独立地考虑，不仅意味着他对自己、对父母、对亲子关系形成了新的观点，还包括新观点形成中出现的情绪成熟的最终状态。许多发展心理学家倾向于认为保持人际关系的同时也没有失去自主的自我观（autonomous view of self）才是自主的优化发展之路。

## 4　自主发展的影响因素

在当今发展心理学研究领域中，研究者们越来越倾向于在青少年发展的研究中加入更多因素进行综合的考察，对青少年自主发展的研究也是如此。与青少年自主发展相关的因素有很多，Spear 和 Kulbok（2004）通过系统的文献检索，归纳出影响自主的内外变量，有主导的内在变量，如自尊、环境的观点、与权威的关系、独立的期望、做选择的意愿、控制点。外在变量有家庭结构、家庭交流、缺乏或出现控制或权威，在家庭或机构内的心理社会和情绪环境。个体化的观点和别人如何看他 / 她在自主的发展中起着重要的作用。本研究将从三个主要的外在因素（文化、家庭关系、同伴）和四个内在因素（生理变化、自主期望，性别、年龄）进行文献回顾。

## 4.1 文化对个人事务自主的影响

跨文化研究发现，无论是在个体主义文化中还是在集体主义文化中，无论是幼儿、青少年还是成人都在寻求确立一个人的选择和决定的领域，且各文化背景中的儿童、青少年个人事务自主观念的建构方式和进程是十分相似的（Ardila-Rey & Killen，2001；Nucci, Camino, & Milnitsky-Sapiro, 1996；Yau & Smetana, 1996）。但文化对个人事务领域的范围、具体内容和个人自主的发展水平有着较为显著的影响。例如，被美国青少年和青年看作是个人事务的事情却被印度同龄人看作是道德义务的事；美国黑人青少年和其他一些少数民族青少年对个人事务范围的界定要比白人青少年界定的狭窄（Smetana，2000）；而亚洲、拉丁美洲及美国黑人青少年及其家庭比美国白人青少年及其家庭更多地认为青少年有尊重和顺从父母的义务（Yau & Smetana, 1996）。就个人事务冲突的解决而言，美国白人社会往往以父母的妥协而告终（Smetana，2000），而中国香港和美国黑人社会却往往以孩子的妥协而结束（Yau & Smetana, 1996；Smetana & Gaines, 1999）。

Feldman 和 Wood（1994）用行为自主期望问卷调查结果显示，英裔青少年及其父母，不管住在美国，还是澳大利亚或香港，都更早就有了对青少年自主的期望，相比之下，居住在上述相同国家或地区的亚裔青少年及其父母，则较晚才有对青少年自主的期望。张文新、王美萍 和 Fuligni（2006）对我国青少年的研究 Yau 和 Smetana（1996）对香港青少年的研究也证实了这一结论。

## 4.2 家庭关系对自主发展的影响

在青少年期，家庭关系中最明显的变化都可能与自主有关，特别是青春早期，青少年在家庭中为确立行为自主的努力，使得亲子冲突突然间频繁地发生。研究者从三个不同的维度来描述家庭关系对自主的影响：①青少年受父母控制的程度；②青少年的亲子关系在多大程度上处于矛盾或敌意状态，即亲子冲突；③青少年的亲子关系在很大程度上是温暖的、融洽的、感情亲密，即与父母的情感联系（Collins & Laursen，2004）。

### 4.2.1 父母的控制对青少年自主的影响

Baumrind（1978）最早根据父母的控制程度不同区分了3种不同的教养方式，这3种教养方式对儿童青少年自主发展产生不同的影响：专制型的教养家庭中，父母强调子女的服从，因而对其自主的发展产生了限制；溺爱型的家庭中，父母给予子女过多的自由，他们只在子女的安全可能受到威胁时进行干预，因而溺爱型家庭的青少年享有最多的自主。权威型的教养方式在发展青少年的社会责任感和独立性方面被认为是最有效的教养方式，允许青少年在做决定时有自己的看法的同时，也对其设立规则，而这些规则与现实社会中对个体所做的种种要求是相通的。因此比起溺爱型的教养方式而言，权威型教养在发展青少年自主方面更符合现实。

父母对青少年所实施的控制的类型及控制的程度对青少年自主的影响有重要作用。Tompson 和 Zuroff（1998）进行了一项名为"依赖和自我批评型的母亲对青少年自主及能力的反应（dependent and self-critical mother's response to adolescent autonomy and competence）"的研究，该研究考察了母亲个性和教养方式对青少年自主发展的影响。结果显示，高度依赖和自我批评的母亲往往阻碍女儿的自主需求，并且通过惩罚和控制而最终导致女儿的依赖。有研究考察了青少年自主水平与父母教养及父母卷入程度之间的关系，研究结果显示权威型的父母教养对子女成熟的社会认知技能、认知自主、心理社会性发展水平、学校适应等方面存在积极的影响（Steinberg，2000）。

### 4.2.2　亲子冲突对青少年自主发展的影响

亲子冲突往往是由于青少年对自主的需求引起的。青春期早期，这类冲突可能会促进青少年获得青春期后期和成人期的自主冲突，因此亲子冲突对青少年的发展有积极的意义。研究发现亲子冲突呈倒 U 形的发展趋势（Montemayor，1986）。在青春期早期，亲子冲突开始增加，直至青春期晚期，才开始呈下降趋势，其中大多数冲突是关于一些日常事务。例如功课、社交、家务劳动和同伴等。

在青少年时期，亲子之间交往方式会经历一个从不对称、不平等逐渐转变到一个更加平等的变化，而许多亲子冲突源于青少年对父母权威合法化的认同发生了改变（Smetana & Asquith，1994；Yau & Smetana，1996；Smetana & Daddis，2002）。父母通常认为，那些引起他们与青少年争吵的事件是有关道德的或需慎重考虑的，青少年却认为这些事件仅仅是个人选择问题，父母不该干涉（Smetana，1995）。Steinberg 和 Sliverberg（1990）指出，在青少年早期适度的亲子冲突对青少年的自主发展很重要，没有冲突的家庭环境可能会导致青少年对分离、独立及对外部世界的探索产生恐惧。也有研究发现，高频、激烈的亲子冲突并不是必然发生在青少年时期的（Collins & Laursen，2004；Steinberg，1990）。所以在青少年时期，亲子冲突带来的伤害更多的是与解决冲突的方式有关，而不是与冲突的内容有关。

### 4.2.3　与父母的情感联结对自主发展的影响

随着年龄的增长，青少年与父母一起度过的时间也是减少的（Larson，Richards，Moneta，Holmbeck，& Duckett，1996）。在青少年时期对亲密的主观体验，都是下降的（Collins & Repinski，2001；Laursen & Williams，1997）。与青春期以前的儿童期相比，青少年报告在家庭成员互动中与父母之间的情感和亲近都较少，父母对他们的情感接受程度也较低，对家庭生活的满意度也较低；年轻的青少年报告的积极情感体验呈下降的趋势，而年长的青少年报告有了更多的积极情感体验（Larson, et al., 1996）。Sheldon, Houser–Marko 和 Kasser（2006）对比父母与子女的自主水平，探讨了自主与年龄的关系，研究发现大学生的父母越是目标自主，子女的积极情感越高。需要着重指出的是，那些在青春期前与父母关系亲密的儿童，在青少年时期也更能与父母保持亲密的关系，即使交往的频率和数量在某种程度上有所减少（Collins & Laursen，2004）。

Rice（1990）认为亲子之间过分亲密的感情会阻碍青少年自主发展。一些婚姻失败的父母往往转向子女寻求情感上的满足，从而过度地依赖于子女，并鼓励子女对自己的依赖。这种依赖会阻碍到子女承担自主的成人角色。一些完全被父母控制的青少年会转而接受这种与父母之间的相互依赖，从而导致青春期的延长。有的子女会在结婚后仍选择与父母住在一起，甚至一生也没能获得一种真正成熟的社会关系，也无法建立起自我选择的职业同一性（a vocational identity of their own choosing）。与过度依赖相反的另一个极端是父母对子女的情感疏离，在这种情况下，子女无法从父母那里得到情感上的满足，会转而向其他人寻求这种满足。父母给予过多的自由将导致子女不良行为的发生。研究证实父母给予子女的温暖、指导和情感支持都与青少年自主发展呈现正相关。但是，父母过多的卷入（亲子双方每天都对学校中的事情进行交流）则与青少年自主及同一性的发展呈现负相关（Deslandes，Potvin，& Leclerc，1999）。

研究发现那些热情而不过多干涉的家长能够促进青少年情感独立性的发展。那些感觉与父母关系亲密而又自由的青少年会更加自信，更少有抑郁及其他形式上的内在问题（Allen，Hauser，Bell，& O'Connor，1994a；Grotevant & Cooper，1985）。积极的情感自主、心理健康与过分控制（青少年可能会遭受被动的攻击）或明显敌意的教养方式之间呈现负相关（Allen, et al., 1994a；Holmbeck，1996；McElhaney & Allen，2001）。极端的心理控制，包括各种形式中爱的剥夺和内疚诱导，与情感自主的发展是完全矛盾的（Barber，1996）。

## 4.3　同伴关系对自主发展的影响

从理论上讲，同伴关系是自愿发生的一种平等关系，有利于青少年掌握独立与依赖的平衡。同伴关系中的个体能自主发起和终止相互之间的联系，关系中的任何一方都不能将社会互动的条件强加给另一方；同伴关系的持续有赖于令双方满意的前提条件和结果（Laursen & Hartup, 2002）。Koestner 和 Losier（1996）研究发现 GCOS 自主与更多亲密而友好的同伴关系一致。我国研究者研究青少年在"买衣服"的情境下的自主判断，结果发现青少年自主发展存在着一种从接受父母影响到接受同伴群体影响，最后到自主决定的发展趋势（陈会昌、辛浩力、叶子，1998）。

自主是在面对同伴群体压力中发展的。整个青少年期个体的自主都需要面对同伴压力，研究发现青少年大约在 10～14 岁时对同伴影响的抵制力较低，随后这种抵制在整个青少年后期都不断增加（Steinberg & Silverberg, 1986）。而青少年对同伴群体压力的屈从，可能与个体的自主行为能力及同伴群体对成员独立决策的容忍度有关（Brown, Clasen, & Eicher, 1986）。

受发展生态理论的影响，越来越多的研究注重人际环境对青少年自主发展的影响。针对华盛顿特区 Prince Gearge 镇青少年的一项纵向研究，分别评估了 20 世纪 90 年代核心家庭、朋友团体、学校和邻里因素对非裔、欧裔美国 7 年级、8 年级学生的影响。4 种情境性质对青少年成年后的成就（这些成就被界定为学校成绩、社会行为、心理健康等综合指标）有独立的且有累加性的影响，即任何情境的单独效应都不大，但情境性效应的总和相当明显（Cook, Herman, Phillips, & Settersten Jr, 2002），说明了青少年的自主发展是受多种环境影响的。

## 4.4　生理成熟对自主发展的影响

青春期生理变化对青少年个体的心理发展乃至青少年与家人、同伴的关系产生着巨大的影响。发展心理学家们认为青春期的生理变化导致个体成熟，从而改变父母或其他成人对青少年行为的期望（Paikoff & Brooks-Gunn, 1991）。当青少年在生理上日益成熟，青少年与父母之间的关系更为平等，青少年在家庭事务做决定的方面更为自主，更具影响力；父母可能开始认为他们的行为也应该更加成熟，同时也开始更密切地监控子女与异性同伴的交往，特别是女孩的父母。

Steinberg（1990）考察了青春期发育对家庭关系的影响，研究发现，随着青春期的发育，青少年在与父母的关系中获得更多的行为自主和情感自主。对青春期发育的时间与青少年心理社会性发展之间关系的研究显示，前者对后者存在影响，而且有明显性别差异，晚熟的男孩自尊相对较低，但其自主的发展水平较高，独立感较强，早熟的男孩更易受到同伴的欢迎，因而自我形象较积极；但早熟的男生比其晚熟同伴更易卷入一些反社会行为中，如吸毒、酗酒等。在女孩中，早熟的女孩有较多的情感问题，和较低的自我形象，抑郁、焦虑和饮食失调的发生率也高于其同伴，而晚熟的女孩自主发展水平也高于其早熟的同龄人。Steinberg 对此的解释是，早熟的青少年比其晚熟的同龄人更可能陷入这样的不良处境中，即他们在情感上开始疏离父母，而同时父母对其行为的控制程度却并没有减少。

早熟宵禁自主（premature curfew autonomy）是指青少年决定自己何时外出和何时回家的时间，如第一次去迪斯科舞厅、喝酒和性交的经历，第一次职业表现。Haase，Tomasik，& Silbereisen （2008）对德国青少年追踪研究发现青少年晚期（16～21 岁，1996 年评估）的早熟宵禁自主和成年初期（25～30岁，2005 年评估）的发展风险相关。早熟个体在青少年晚期既便没有处于不利的社会经济境况，教育志向也不是很低，但是他们在成年初期受教育程度都较低。早熟宵禁自主与有关青少年晚期某些发展挑战方面（高偏离行为、低表露，高同一性混乱，和低计划性）和成年初期（在职场和伙伴中地位不突出，但对来自工作、家庭和公共生活的社会变化有更高的需求）的失调更相关。许多研究支持早熟行为自主与偏离行为（Beyers & Goossens，1999）、抑郁症状（Smetana et al.，2004）和糟糕的亲子关系相关（Feldman & Rosenthal，1991；Feldman & Wood，1994）。

## 4.5 自主期望对自主发展的影响

青少年的自主发展与青少年寻求行为自主的期望有关。有研究者认为青少年认为自己应该被允许自主的时间通常要早于父母的想法（Ruck，Peterson - Badali，& Day，2002），当青少年的自主愿望与他们父母认可的对他们的自主期望相匹配时，青少年的心理健康状况才是最积极的（Juang，Lerner，McKinney，& von Eye，1999）。青少年对自主的期望也会受到身边同伴的父母对待子女方式的影响，以及年龄生物影响，那些感觉自己较大的青少年比同龄的，但自我感觉较小的青少年，会更多地寻求独立性（Galambos，Kolaric，Sears，&Maggs，1999）。

青少年的行为自主期望存在文化差异。Feldman 和 Wood（1994）让来自亚洲文化和英国文化的青少年及父母填写一张"青少年时间表"———一份询问青少年在多大年龄被允许参与一些象征独立自主行为的问卷（比如，"按照自己的意愿花钱""出去约会""与朋友一起去听摇滚音乐会"），即行为自主期望。用行为自主期望问卷调查结果显示，英裔青少年及其父母，不管住在美国还是澳大利亚或香港，较早就有了对青少年自主的期望；而居住在上述相同国家或地区的亚裔青少年较晚才有了对青少年自主的期望，亚裔家庭的青少年不像他们的英裔同伴更倾向于脱离父母而寻求自主（Feldman & Quatman，1988；Feldman & Rosenthal，1990）。张文新，王美萍和 Fuligni（2006）对我国城乡青少年的调查也证实我国青少年期望获得行为自主的年龄较晚。Yau 和 Smetana（1996）对中国香港青少年的研究表明，中国香港青少年对个人自主权的期望与美国白人青少年有显著的差异。美国白人青少年随着年龄的增长对个人自主权的渴望是不断增多的，而中国香港青少年却没有表现出这一趋势。

## 4.6 性别与年龄对自主发展的影响

青少年的自主总体上随着年龄而增长，但是发展并不是线性的（Collins &Steinberg，2006/2009）。Steinberg（1990）研究发现，10 ～ 16 岁青少年认知自主的发展均呈上升趋势，这一结论与 Greenberger（1984）的研究一致，青少年在 6 ～ 8 年级期间认知自主上升最明显。认知自主发展上也存在在性别差异，女生高于男生的情况。

Fuligni（1998）考察了不同文化背景下的青少年自主和亲子关系，发现不同文化背景下的青少年对行为自主的要求都随年龄增长呈上升趋势，吴波和方晓义（2006）对我国青少年的研究证实了这一观点。Fuligni 的研究也发现所有文化背景下的女孩要求获得行为自主的时间比男孩晚。郭爱妹和张雷（2000）调查发现香港青少年的情感自主（EAS, Steinberg & Silverberg, 1986）性别差异显著，女生高于男生。

青少年个人事务自主存在性别差异。父母对道德和安全的事对男孩子的控制和约束要比对女孩子多，而对女孩子个人事务的限制要比男孩子多（Smetana & Asquith，1994）。对母 – 子冲突产生原因的解释，男孩子比女孩子运用个人自主的理由要多（Yau & Smetana, 1996; Smetana & Gaines, 1999）；女孩子在家里与父母就个人事务的冲突要比男孩子多（Yau & Smetana，1996）；所受到家庭规则的约束随着年级水平的增加而呈现递减的趋势，女青少年比男青少年在道德、传统、个人及整个规则总体上受到的约束较少。

Bumpus，Crouter 和 McHale（2001）曾考察过父母在给予青少年自主权时子女性别所起的影响作用，结果显示在持传统女性角色态度的家庭里，父母给予女孩的自主权限较少；父母给予自主权的程度还受子女的排行和生理发育状况的影响，第一个孩子比第二个孩子得到更多自主。在女性性别角色态度较不传统的家庭中，初潮后的第二个女儿比初潮前的第二个女儿得到更多的自主权。Zhang 和 Fuligni（2006）对中国 10 ～ 12 年级学生的自主与父母权威及父母关系的调查，发现城市孩子较多地公开表达对父母的不同意见，男性越早期望自主，与母亲亲密程度就越低。

# 5 自主的相关因素研究

## 5.1 自主与心理健康的关系

文献中青少年自主发展与心理健康的关系有两种观点：一是认为高自主导致高风险行为，以及抑郁倾向，带来消极的结果。Beck 的抑郁认知模型认为自主是一种人格结构，高自主水平的个体对反应型抑郁发展有高风险性（Beck, et al., 1983）。Beck 等（1983）认为高自主的个体在自由、动力和个人主义方面做了过分的个人投资，对感知到威胁这些价值的事件变得敏感。当面对失败、目标达成受到阻碍，或其他感知到限制自主的情况，他们对特定的抑郁症状变得易感。有些研究支持这一观点。早熟宵禁自主与青少年晚期和成年初期的主观幸福感低相关（Haase, Tomasik & Silbereisen, 2008）。神经厌食症与自主有关的问题突出，不同亚型与不同形式的自主混乱有关（Strauss & Ryan, 1987）。也有研究反对这一观点。Allen, de L. Home，和 Trinder（1996）通过假想的社会拒绝和成就挫折情境形象描述评估社会依赖和自主特质对即刻情绪反应的预测性，结果研究没有支持自主对压力情境有易感性。Bekker 和 Belt（2006）采用自主 – 关联量表（Autonomy - Connectedness Scale，ACS）调查发现低自主 – 关联可能是抑郁和焦虑的风险因素；而 Hmel 和 Pincus（2002）认为抑郁易感性不是自主的内涵，是一种误用。

另一种观点是自主对心理健康有积极作用。基于自我决定理论进行相关实证研究都表明自主与主观幸福感正相关或者自主能够预测主观幸福感（Hodgins, Koestner, & Duncan, 1996；Sheldon & Bettencourt，2002；Levesque, Zuehlke, Stanek, & Ryan, 2004；Reis, et al., 2000），李彩娜、张曼和冯建新（2010）对中国大学生的研究也得到了同样的结果。Chirkov 等（2003）研究发现韩国、俄罗斯、土耳其和美国具有不同的文化背景中的被试者与自主相关的动机都预测了他们的主观幸福感，而且不同性别的被试者也表现出这种趋势，这表明自主与主观幸福感的关系具有跨文化的一致性。

## 5.2　自主与社会适应的关系

文献对青少年自主与社会适应的关系比较一致的看法是两者相关，自主是积极影响还是消极影响社会适应，研究结果并不一致。采用人格心理学家 Murry 的 ACL 量表，大多数实证研究所得出的结论大致相同，即 ACL 自主与不良的社会适应有关、与辍学有关，与自我指导的生涯满意感有关，以及团队工作要求的工作不满意感有关（Hmel & Pincus，2002）。Koestner 和 Losier（1996）研究表明 ACL 自主与 GCOS（由 Deci & Ryan 编制的一般归因量表）中的控制倾向、与经历到的负性日常事件、高水平的负性情感，以及糟糕的社会适应有关。

Steinberg（1990）等人做的一系列有关父母教养与青少年适应关系的研究也反映出，权威型教养对青少年学业成绩的促进作用是以青少年健康的自主感为中介的。在父母的控制之下，但又有适当自主权的青少年在心理社会性发展、学校适应方面优于其他同龄人，而出现内部心理压力和不良行为的情况也少于其同龄人，他们在 1994 年所做的追踪研究还发现，随着时间推移，这种发展差异会保持甚至加剧。Noom，Dekovic 和 Meeus（1999）对 400 名青少年的调查发现他们的态度、情绪和功能自主与对父母、同伴的依恋相关，预测了心理社会适应：社会能力、学业能力、自尊、问题行为和抑郁心情，该研究发现了自主和依恋的主效应，认为青少年时期自主和依恋与心理社会适应有积极相关。郭爱妹和张雷（2000）对香港青少年的研究发现青春期情感自主性与学业成绩呈现相关关系，其中父母形象的非理想化与学业成绩成正相关，即父母的非理想化程度越高，学业成绩越差；而个体化与学业成绩成负相关，即个体化程度越高，学业成绩越差。

越来越多的研究发现依恋或父母的教养方式与青少年自主共同作用影响其社会适应。Dornbusch 等人（1985）考察了家庭中青少年行为自主与青少年偏离行为的关系，发现在缺乏适当的父母引导的情况下，青少年行为自主的程度与其偏离行为呈负相关，而此结论与 Lamborn，Dornbusch 和 Steinberg

（1996）等人对多个种族青少年进行的追踪研究结果一致。Lamborn 等人研究发现不同种族的青少年独自做决定的程度能预测到一年后他们的较差适应，而在父母指导下的亲子共同决定则预测到一年后的较好适应。如果父母在许多事物上给予了大量自主，则青少年所报告的偏离行为处于较高水平，同时他们的学业能力、心理社会功能（functioning）处于较低水平。

# 第二部分　问题的提出和研究设计思路

## 1　问题的提出

### 1.1　问题的提出与研究目的

自主作为人类的一种普遍行为，对青少年的社会化发展有着重要的影响，心理学对此有着丰富的理论研究和实践，由于自主概念的复杂性、研究范式的局限性及文化的单一性，导致已有研究存在以下 5 个方面问题：

第一，尽管自主在人类的经验中具有重要意义，在心理学文献之中也很盛行，但是自主在理论上缺乏统一的概念，操作上也没有一致而通用的定义。已有文献中把自主看成是个体的能力、动机、人格或意志感，都是从某个侧面揭示了自主的内涵，没有全面把握自主的内涵。受后现代主义和心理学研究的生态化的影响，以及对西方心理学自然科学化倾向和实验传统反思和批判，越来越多的学者建议要把心理学重新拉回到主体上来，把人作为一个整体研究，因此对自主的内涵理解必须回到"人是活动的主体"这一根本出发点上。

第二，自主的心理结构是单维的还是多维的，文献中争论颇多。许多西方心理学研究者推崇和引用 Hill 和 Holmbeck（1986）的理论，但还没有实证研究证实自主是一个统一的心理结构；Hmel 和 Pincus（2002）对西方 15 种有关自主的量表进行探索分析后，建议编制统一的自主测量工具，来证实自主的多维心理结构。我国有学者根据 Hill 和 Holmbeck 的理论构想，编制了儿童和青少年的自主量表，并验证了自主三维结构的存在（邹晓燕、杨丽珠，2005；邹晓燕、贾玉梅，2008）。此外，还有两篇硕士论文对大学生的自主（或独立性）进行结构探索（姚丹，2007；韦炜，2008），但是这些研究彼此分歧较大，不能相互支持与印证。本研究将以成年初期的大学生为研究对象，采用现象学的方法研究证实自主的多维结构。

第三，自主的研究在方法上存在单一化倾向，不利于揭示自主这一复杂概念的本质。当前对青少年自主的研究是将自主作为个体现象进行研究，主要有自陈报告和是观察法两种研究方法。前者将自主作为一种静态，忽视了自主是自我的功能与运行机制，本身具有动态性，而且研究结果受被试者的影响较大；后者是通过亲子之间的交互活动来研究青少年的自主，但是研究者将自主过多地界定在认知范畴，而且亲子互动过程的记录编码受研究者的影响较大。本研究有必要从日常生活或内隐等多侧面揭示自主的丰富内涵。

第四，自主作为人类的一种普遍行为，但是集体主义文化背景中的自主研究明显不足。自主被认为是根植于欧美个人主义文化中的基本概念，个人主义的核心原则是在认识论上首先认为个体是分离的，本质上非社会的。所以个体化成为西方自主研究出发点和终结点。西方文化也倾向将个体的发展中独立性与相互依赖看成两个对立的过程，尽管有学者提出健康、成熟的自主最终回归人际互倚，或者认为父母的支持性是自主培养的重要环境，但是这些容易造成自主概念的不清晰。而广泛存在于中国、日本、韩国、南亚及南美大部分和非洲（Triandis & Gelfand，1998）的集体主义文化强调人与人之间的相互依赖，相互适应、履行义务等，个体要成为人际关系的一部分，避免分离或独立，那么在这种文化背景下青少年的自主是否存在？自主的发展是否具有独特性？虽然许多学者赞同自主是人类的普遍行为，但是集体主义文化背景中相关的研究还是很欠缺。中国台湾地区学者对华人人格的传统与现代对比分析研得出结论，自主是现代华人人格中重要的因素之一。国内也有研究者采用跨文化方法研究了自主，如青少年的自主期望和个人领域自主等（Yau & Smetana，1996；张文新，王美萍，& Fuligni，2006）。但是这些研究在研究工具存在不足，翻译借鉴了西方的量表，这些研究系统性不够，还不足以回答上述理论问题，因此有必要在集体主义文化的范畴内探索我国青少年自主的内涵及其发展规律。

第五，自主研究集中在青春早期和中期，青春晚期与成年初期的自主研究相对比较缺乏。从20世纪70年代中期以来，青少年早期（10～13岁）中期（14～17岁）主导了心理学家的兴趣，而从青少年中期到成年期的心理社会转折却在很大程度上被忽略（Collins & Steinberg，2006/2009），而这个阶段是青少年能够完成社会化的关键时期。

在发展心理学中研究者一般把青春期分为初期、中期和晚期三个阶段，但每个阶段的年龄起止，不同的研究者有不同的看法。随着当代社会的青少年到成年期的转折延长了，18岁不再是青春期结束的标志。Collins 和 Steinberg（1999）将16～25岁作为青少年向成年转变的时期来考察，而俄罗斯心理学家将17～25岁作为主体性获得阶段。有研究者建议将18～25岁作为一个特殊的阶段——成年早期或步入成年期（emerging adult）来研究，在人口统计学、主体性和同一性探索方面这一时期都有很突出的过渡性（Arnett，2000）。本研究倾向于将18～25岁作为青年从青春晚期向成年期过渡的主要阶段。

杨中芳（1991）曾批评华人社会的自我研究几乎是不合理地依赖与套用西方（特别是美国）心理学的概念、理论、方法及其根据（如，量表、测验），因此本研究的目的是从文化心理学视角出发，跨理论、多方法地系统研究集体主义文化背景中的自主，以期揭示自主的本质及特点。

## 1.2　本研究讨论的问题

本研究以成年初期18～25岁的大学生为研究对象，探讨自主的内涵、发展特点和相关因素。

（1）探析我国大学生对自主的理解与定义；

（2）验证自主是一个多维度的心理结构，并在此基础上开发成年初期自主问卷，进一步了解我国成年初期大学生自主的发展特点；

（3）采用内隐研究范式，研究证实中国学生存在内隐自主，内隐自主与外显自主是不同的；

（4）采用日常经验法从整体和过程角度考察日程生活中自主周期性及自主对大学生心理健康的影响。

（5）探讨自主对成年初期青年的心理健康、学校适应和心理成熟发展预测作用，在自主的优化发展中人际依赖（与父母、同伴的依赖）起着中介作用。

## 1.3  研究的意义

### 1.3.1  理论意义

本研究将成年初期作为发展中特殊阶段，通过跨理论、多种方法系统考察集体主义文化中自主的内涵、结构、发展特点和相关因素，揭示我国大学生向成年过渡中自主发展的特点与规律，充实集体主义文化背景中的自主研究，为自主作为一种人类的普遍行为提供佐证。

### 1.3.2  实践意义

青少年的自主对其社会化具有重要意义，然而自主的概念和理论是以西方个人主义文化为主导的，不一定适合解释中国青少年自主的发展。信息时代，中国社会从传统走向现代，青少年人格和社会性的发展也面临传统与现代的交融，本研究在此背景下研究我国青少年的自主发展具有时代意义。本研究立足探索集体主义文化中自主的独特性，为科学教育、指导当代大学生向成年过渡提供心理学依据。

# 2　研究总体思路

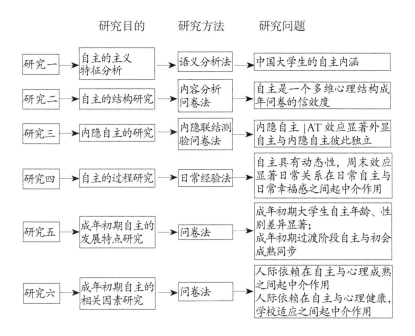

研究目的　　　研究方法　　　研究问题

研究一 → 自主的主义特征分析 → 语义分析法 → 中国大学生的自主内涵

研究二 → 自主的结构研究 → 内容分析问卷法 → 自主是一个多维心理结构成年问卷的信效度

研究三 → 内隐自主的研究 → 内隐联结测验问卷法 → 内隐自主|AT效应显著外显自主与内隐自主彼此独立

研究四 → 自主的过程研究 → 日常经验法 → 自主具有动态性，周末效应显著日常关系在日常自主与日常幸福感之间起中介作用

研究五 → 成年初期自主的发展特点研究 → 问卷法 → 成年初期大学生自主年龄、性别差异显著；成年初期过渡阶段自主与初会成熟同步

研究六 → 成年初期自主的相关因素研究 → 问卷法 → 人际依赖在自主与心理成熟之间起中介作用人际依赖在自主与心理健康，学校适应之间起中介作用

# 第三部分　实证研究

## 研究一　自主的语义特征分析

　　自主被视为西方个人主义文化的核心价值，自立则被认为是中国本土文化中与自主内涵最接近的词汇，是替代自主的本土化概念（夏凌翔、黄希庭，2007）。随着信息化和全球经济一体化发展，中国人人格不可避免地从传统走向现代，中国人现代人格中"独立自主"在凸显（陆洛，2007）。自主在中国当代社会中广泛使用，本研究将采用语义法和问卷调查揭示集体主义文化中自主的独特内涵。

## 1　自主和自立的语义特征比较

### 1.1　研究目的

　　语义分析法是探究人们对不同事物或概念认识的异同的重要方法，是通过使用意义成对的形容词制成的语义区分量表来研究人们对事物的认识和态度的一种方法，最早由奥斯古德等人所创。自立在中文中是与自主最接近的词汇，本研究首先要证实大学生群体中自主与自立的概念是否有区别，其次中国大学认为自主内涵是什么，是否与个人主义文化一致。

## 1.2　研究方法

### 1.2.1　研究对象

对在校大学和研究生分层抽取 400 人，兼顾男女、文理科及年级。集体问卷施测，回收有效问卷 351，有效率 89.9%。被试者人的人口特征：平均年龄 20±3 岁，18 岁及以下 7 人，24 岁及以上 29 人，17 人年龄数据缺失，具体信息见表 3-1-1。

**表 3-1-1　被试者人口资料**

| | 性别 | | | 专业 | | | 年级 | | | | | |
|---|---|---|---|---|---|---|---|---|---|---|---|---|
| | 男 | 女 | 缺失 | 理工科 | 文科 | 缺失 | 大一 | 大二 | 大三 | 大四 | 研究生 | 缺失 |
| 人数 | 201 | 135 | 15 | 231 | 108 | 12 | 8 | 150 | 82 | 2 | 100 | 8 |
| % | 57.3 | 38.5 | 4.2 | 65.81 | 30.78 | 3.41 | 2.27 | 42.74 | 23.36 | 0.57 | 28.49 | 2.27 |

### 1.2.2　研究工具

自编自主和自立语义量表。语义量表的构成包括三部分：①陈雪莲（2010）通过开放问卷及专家评估，得出的与自主最相似的形容词，②夏凌翔和黄希庭（2007）编制的语义量表，其中自主与自立差异达到显著的形容词对，③根据开放问卷调查，请大学生给自主和自立下定义获得的高频词。最后由 29 对正反词对构成 7 点语义量表。夏凌翔和黄希庭研究发现中国人为被试者中"自主"在个人英雄、孤僻和疏远等个人主义文化特征不明显，因此本研究特别注重语义表中突出文化特征词对。研究要求被试者判断自主或自立的含义在形容词对上最接近哪个词，接近的程度用 Likert7 点量表评定。如"主动的－被动的"，"1"代表自主或自立最接近左边词的含义，"7"代表自主或自立最接近右边词的含义，"4"代表不确定。自主语义量表和自立量表完全一样，对同一批被试者施测两份语义量表，为了避免顺序效应，29 对形容词随机分布。

### 1.2.3　数据处理

采用 SPSS11.5 录入数据，并进行描述性统计、配对 T 检验、聚类分析及探索性因素分析。

## 1.3 研究结果与分析

### 1.3.1 自主的语义特征

自主语义表调查结果显示，大学生认为自主最核心的含义是"负责""自强""目标明确""有主见""积极""主动""独立""担当""有计划""诚信"和"自律"。而"自我中心""独自""叛逆""个人主义""单干""疏远""分离、和"孤僻"在语义表尺度上居中，均值在 3.25 ~ 5.03 之间，与自主的含义较远，属于比较模糊的含义（见表 3-1-2）。

进一步比较了性别、专业和年级对自主理解的影响，发现这些因素对自主的理解有一些差异。自主的性别差异体现在女生比男生更强调"自律"（t=2.51，d f=328，p < 0.05）和"自觉"（t=2.23，d f=334，p < 0.05），女生虽比男生重视"自助"和"乐群"，但是差异没有达到显著水平；专业的影响体现在理科生比文科更强调"主动"（t=2.05，d f=337，p < 0.05）、"坚定"（t=2.19，d f=336，p < 0.05）和"自信"（t=2.79，d f=335，p < 0.01），文科生则比理科生强调"自由"（t=1.97，d f=336，p < 0.05）和"疏远"（t=1.97，d f=334，p=0.05）。将被试者分为研究生和本科生两大类，年级差异表现在研究生比本科生更强调"自强"（t=1.98，d f=339，p < 0.05）、"坚定（t=2.51，d f=340，p < 0.05 和"担当"（t=2.10，d f=336，p < 0.05）。研究生虽比本科生强调"独立"，但是还未达到显著水平。

表 3-1-2 中国大学生自主的语义特征

| 形容词 | M±SD | N | 形容词 | M±SD | N |
|---|---|---|---|---|---|
| 负责的 | 1.89±1.06 | 351 | 有序的 | 2.33±1.28 | 349 |
| 自强的 | 1.99±1.20 | 349 | 真实的 | 2.33±1.30 | 350 |
| 目标明确的 | 2.06±1.38 | 349 | 有个性的 | 2.49±1.24 | 350 |
| 主见的 | 2.07±1.26 | 349 | 自愿的 | 2.57±1.47 | 350 |
| 积极的 | 2.09±1.29 | 350 | 自由的 | 2.57±1.40 | 350 |
| 主动的 | 2.11±1.42 | 351 | 自助的 | 2.59±1.32 | 347 |
| 独立的 | 2.11±1.30 | 350 | 自我中心的 | 3.25±1.36 | 348 |
| 担当的 | 2.12±1.25 | 348 | 孤白的 | 3.77±1.58 | 349 |
| 有计划的 | 2.16±1.37 | 350 | 叛逆的 | 4.43±1.43 | 350 |
| 诚信的 | 2.20±1.35 | 348 | 个人主义的 | 4.43±1.55 | 351 |
| 自律的 | 2.20±1.48 | 345 | 单干的 | 4.63±1.58 | 351 |

续表

| 形容词 | M±SD | N | 形容词 | M±SD | N |
|---|---|---|---|---|---|
| 自觉的 | 2.23±1.42 | 351 | 疏远的 | 4.75±1.38 | 348 |
| 坚定的 | 2.30±1.31 | 349 | 分离的 | 4.83±1.47 | 349 |
| 有能力的 | 2.30±1.29 | 349 | 孤僻的 | 5.03±1.47 | 350 |
| 自信的 | 2.30±1.34 | 349 | | | |

### 1.3.2 自立的语义特征

采用相同的语义表调查结果显示，大学生认为自立最核心的含义是"负责""有主见""自强""积极""担当""自信""有能力""自觉""目标明确"和"他律"（自律的反义）。自立含义与"自我中心""独自""个人主义""叛逆""单干""分离""疏离"和"孤僻"较远，在语义表尺度上居于 3.24 ～ 4.91 之间，属于语义模糊（见表 3-1-3）。

总体上性别、专业和年级对自立的理解差异较小，除了在个别语义上差异显著。其中女生更强调"独自"（t=2.12，df=301，p < 0.05），男生更重视"自我中心"（t=2.42，df=301，p < 0.05）；女生虽比男生强调"自觉"，但差异未达到显著水平。理科生比文科生更强调"有序"（t=2.49，df=296，p < 0.05）；尽管研究生更强调"坚定"和"有序"，但是差异没有达到显著水平。

### 1.3.3 自主—自立的语义比较

进一步将自主与自立的语义平均值进行配对 T 检验，结果发现大学生认为自主虽然比自立更强调"主动""独立""自由""负责""疏远""诚信""有个性""自助""有计划""独自""有序""坚定"，但是差异没有达到显著。自主与自立在 5 种语义上差异达到显著，即"自律"（t= -3.50，df=311，p < 0.001），"有主见"（t=1.99，df=314，p < 0.05）、"自信"（t=2.03，df=313，p < 0.05）、"个人主义"（t=2.01，df=315，p < 0.05）和"单干"（t=2.30，df=315，p < 0.05）（见表 3-1-4）。

### 表 3-1-3 中国大学生自立的语义特征

| 形容词 | M±SD | N | 形容词 | M±SD | N |
|---|---|---|---|---|---|
| 负责的 | 1.87±1.13 | 319 | 有序的 | 2.37±1.29 | 321 |
| 主见的 | 1.91±1.10 | 322 | 自愿的 | 2.45±1.41 | 318 |
| 自强的 | 1.96±1.29 | 321 | 有个性的 | 2.52±1.28 | 320 |
| 积极的 | 2.07±1.31 | 322 | 自助的 | 2.60±1.37 | 321 |
| 担当的 | 2.11±1.32 | 322 | 自由的 | 2.76±1.64 | 322 |
| 自信的 | 2.14±1.34 | 321 | 自我中心的 | 3.24±1.38 | 322 |
| 有能力的 | 2.17±1.19 | 321 | 独自的 | 3.90±1.71 | 322 |
| 自觉的 | 2.17±1.36 | 315 | 个人主义的 | 4.27±1.62 | 321 |
| 目标明确的 | 2.19±1.45 | 321 | 叛逆的 | 4.30±1.43 | 321 |
| 有计划的 | 2.20±1.40 | 322 | 单干的 | 4.43±1.80 | 321 |
| 独立的 | 2.23±1.32 | 320 | 分离的 | 4.71±1.52 | 320 |
| 主动的 | 2.23±1.34 | 316 | 疏远的 | 4.73±1.43 | 321 |
| 诚信的 | 2.26±1.33 | 323 | 孤僻的 | 4.91±1.57 | 321 |
| 真实的 | 2.31±1.34 | 321 | 自律的 | 5.99±1.26 | 323 |
| 坚定的 | 2.31±1.39 | 321 | | | |

### 表 3-1-4 自主—自立语义配对 T 检验结果（N=315）

| 形容词对 | 自主→自立 | 形容词对 | 自主→自立 |
|---|---|---|---|
| 主动的 - 被动的 | < | 有个性的 - 平庸的 | < |
| 自觉的 - 不自觉的 | | 有能力的 - 无能的 | |
| 主见的 - 盲从的 | ★ | 目标明确的 - 目标模糊的 | < |
| 自信的 - 自卑的 | ★ | 积极的 - 消极的 | |
| 自强的 - 自馁的 | | 担当的 - 推诿的 | |
| 独立的 - 依赖的 | < | 自愿的 - 勉强的 | |
| 自律的 - 他律的 | < ★★★ | 自助的 - 他助的 | < |
| 自由的 - 限制的 | < | 有计划的 - 无计划的 | < |
| 负责的 - 不负责的 | | 独自的 - 结伴的 | < |
| 个人主义的 - 集体主义的 | ★ | 分离的 - 关联的 | |
| 疏远的 - 亲密的 | < | 真实的 - 虚假的 | |
| 自我中心的 - 他人中心的 | | 有序的 - 混乱的 | < |
| 单干的 - 合作的 | ★ | 坚定的 - 动摇的 | < |
| 孤僻的 - 乐群的 | | 叛逆的 - 遵从的 | |
| 诚信的 - 虚伪的 | < | | |

注：< 表示自主在语义尺度上的均值小于自立的均值。★ 表示 $p < 0.05$；★★★ $p < 0.001$，以下相同。

### 1.3.4 自主语义的聚类分析

根据描述统计，自主在语义表上显示一个趋势，就是与西方个人主义中强调个体与他人分离的含义相距较远。为验证这一趋势，采用聚类分析，探查 29 个形容词的有关个人主义的形容词是否是聚成一类。

自主语义表的聚类分析，是对变量的分类，属于 R 型聚类分析。在聚类分析前，先对 29 个形容词两量之间求相关，相关系数在 0.01 ～ 0.58，没有高相关变量，也就没有奇异值，29 个变量都是采用 7 点量表，是同一量纲，因此无须标准化。

采用层次聚类（Hierarchical Cluster Procedures）中离差平方和法（Ward's Method），层次聚类默认的分类数为 2，与研究的目的一致。离差平方和法分类结果是"分离"（A25）、"疏远"（A11）、"独自"（A24）、"单干"（A13）、"孤僻"（A14）、"叛逆"（A29）、"自我中心"（A12）与"个人主义"（A10）归属第二类，该类命名为个体化语义丛；其他 21 个形容词归属第一类语义丛（见图 3-1-1，A1-A29 分别代表自主语义表中的形容词对）。改变分类数，指定为 3 时，第 2 类没有变化，第 1 类中"自由"（A8）、"真实"（A26）与"诚信"（A15）分离出来归为第 3 类；分类数为 4 时，第 2 类中"自我中心"（A12）和"独自（"A24）分离出来成为第 4 类。由此可见，29 个形容词适合分为两大语义丛，第一类是自主的非个体化语义丛，第二类是自主的个体化语义丛。

进一步对自主语义进行探索性因素分析，验证聚类分析结果。KMO=0.909，采用主成分因子分析，29 个形容词的特征根都大于 1，指定为 2 个因子。删除负载过低和双重负载的项目："诚信"（A15）、"自由"（A8）、"叛逆"（A29）和"自我中心"（A12）。最后得到两个因子，可以解释语义表的 41.1%。其中因子一 19 个形容词与聚类分析的第 1 类语义丛吻合，Cronbach's α 系数为 0.92；因子二 6 个形容词"分离"（A25）、"疏远"（A11）、"独自"（A24）、"单干"（A13）、"孤僻"（A14）、与"个人主义"（A10）与聚类分析的第二类个体化语义丛吻合，Cronbach's α 系数为 0.75。探索性因素分析支持了聚类分析结果。

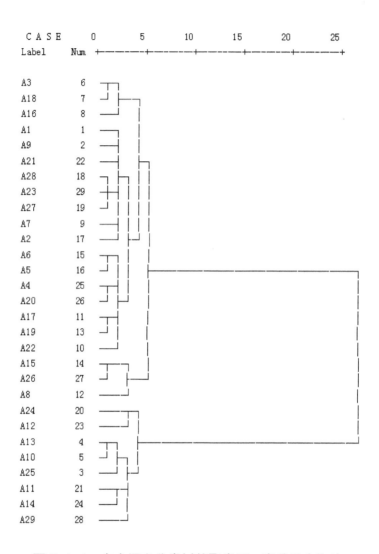

图 3-1-1 自主语义分类树状聚类图：离差平方和法

# 2　大学生对中西方大学生自主特点的比较

## 2.1　研究目的

研究1表明自主核心内涵不包括个体化语义丛,但是自主从语源上看是外来词汇,在文献中认为是根植于个人主义文化中。鉴于自主语义量表选用的形容词比较多(29个),内涵过大,因此需要进一步验证集体主义文化背景中自主的核心内涵是什么。

## 2.2　研究方法

### 2.2.1 被试者

在高校抽取500名大学生发放问卷,实际回收471份。被试者在17岁～26岁之间,平均年龄为21岁,人口学资料见表3-1-5。

**表3-1-5 被试者人口学资料**

| | 性别 | | 独生子女 | | 来源 | | | 年级 | | | | |
|---|---|---|---|---|---|---|---|---|---|---|---|---|
| | 男 | 女 | 是 | 否 | 大中城市 | 城镇 | 农村 | 大一 | 大二 | 大三 | 大四 | 研究生 |
| N | 325 | 132 | 157 | 301 | 56 | 148 | 247 | 79 | 136 | 128 | 41 | 84 |
| % | 69.0 | 28.0 | 33.3 | 63.9 | 11.9 | 31.4 | 52.4 | 16.8 | 28.9 | 27.2 | 8.7 | 17.8 |
| 合计 | 457（缺14人） | | 461（缺13人） | | 452（缺20人） | | | 468（缺失3人） | | | | |

### 2.2.2 研究工具

对自编"自主语义表"做适当调整将"个人主义"用"自我主宰"替换,加上"自立",共30个相容组成新的语义调查问卷。新的自主语义问卷不用Likert7点量表评定,而是采用迫选法,要求被试者将中国和西方年龄相近的大学生做个比较,如果认为中国大学生在"自立"突出,则中国大学生记"1",西方大学生记"0";如果西方大学生在"自由"上突出,则中国大学生记"0",西方大学生记"1"。如有不确定,可以不弃选;如果同时选,视为无效。最后计算每个形容词被选择的频率。

### 2.2.3 数据处理

采用 SPSS11.5 录入数据，并进行描述统计，非参数 $\chi^2$ 检验。

## 2.3 研究结果与分析

首先比较中西方大学生在自主语义表上的差异，非参数 $\chi^2$ 检验结果发现差异达到显著（见表 3-1-6）。除了单干、担当、真实、自助、分离和自我中心 6 个形容词上中西方大学生的差异没有达到显著，说明中外大学生自主的特点是不同的。

采用自主语义表上的频率高低来代表自主的核心内涵，频率越高，也越能代表自主的核心内涵。通过频率高低排序发现中国大学生自主的核心内涵是"自律"（66.03%）、"孤僻"（63.69%）、"自强"60.93%）、"负责"（59.66%）、"坚定"（57.54%）、"自立"（56.48%）和"有序"（52.23%）；西方大学生自主的核心是"自由"（83.44%）、"独立"（77.07%）、"有个性"（72.40%）、"有主见"（70.49%）、"自信"（70.06%）、"自我主宰"（60.93%）、"主动"（61.36%）（详细结果见表 3-1-6）。这个结果与集体主义 – 个人主义文化的典型特征相符，即个人主义背景中自主与"自由""独立"紧密相连的，集体主义文化背景中自主是与"自律""自立自强"紧密相连的符合（杨中芳，1991）。

比较出乎意料的是，"孤僻""疏远"（45.01%）在聚类分析时归属个体化语义丛，在中外比较时被认为属于中国大学生的特点，高居中国自主核心的第二位和第十一位，明显高于美国学生；而"自由""独立"在聚类分析中没有进入个体化语义丛，但在比较时，高居西方大学生自主核心的第一位和第二位。在大学生眼里西方大学生自主还是"积极"（55.63%）与"叛逆"（55.62%）混合的，居西方大学生自主核心的第八位和第九位。由此可以说明，中西方不同文化中自主的含义确实有明显的不同，从语义分析上看，自主不能简单地等同于个人主义。

表3-1-6 大学生对中西方大学生自主特点比较（N=471）

| 自主语义表 | 中国学生特点 | | 西方学生特点 | | 自主语义表 | 中国学生特点 | | 西方学生特点 | |
|---|---|---|---|---|---|---|---|---|---|
| | 频率 | % | 频率 | % | | 频率 | % | 频率 | % |
| 自律*** | 311 | 66.03 | 112 | 23.78 | 分离 | 189 | 40.13 | 186 | 39.50 |
| 孤僻*** | 300 | 63.69 | 81 | 17.20 | 自愿** | 178 | 37.79 | 232 | 49.26 |
| 自强*** | 287 | 60.93 | 130 | 27.60 | 独自*** | 169 | 35.88 | 236 | 50.10 |
| 负责*** | 281 | 59.66 | 137 | 29.09 | 有能力** | 167 | 35.46 | 223 | 47.35 |
| 坚定*** | 271 | 57.54 | 140 | 29.72 | 自觉*** | 163 | 34.61 | 256 | 54.35 |
| 自立*** | 266 | 56.48 | 156 | 33.12 | 目标明确*** | 161 | 34.18 | 257 | 54.56 |
| 诚信*** | 234 | 49.68 | 164 | 34.82 | 叛逆*** | 144 | 30.57 | 262 | 55.62 |
| 有计划** | 227 | 48.20 | 168 | 35.67 | 主动*** | 131 | 27.81 | 289 | 61.36 |
| 担当 | 221 | 46.92 | 190 | 40.34 | 自我主宰*** | 128 | 27.18 | 287 | 60.93 |
| 疏远** | 212 | 45.01 | 158 | 33.55 | 自信*** | 92 | 19.53 | 330 | 70.06 |
| 真实 | 211 | 44.80 | 200 | 42.46 | 有主见*** | 89 | 18.90 | 332 | 70.49 |
| 自我中心 | 205 | 43.52 | 208 | 44.16 | 有个性*** | 83 | 17.62 | 341 | 72.40 |
| 自助 | 199 | 42.25 | 207 | 43.95 | 独立*** | 75 | 15.92 | 363 | 77.07 |
| 单干 | 197 | 41.83 | 231 | 49.04 | 自由*** | 47 | 9.98 | 393 | 83.44 |

注：**代表非参数 $\chi^2$ 检验，中西方大学生差异显著 $p < 0.01$，***代表非参数 $\chi^2$ 检验，$p < 0.001$

# 3　小结

（1）采用自编语义量表调查发现，大学生认为自主最核心的含义是"负责""自强""目标明确""有主见""积极""主动""独立""担当""有计划""诚信"和"自律"。大学生认为自立最核心的含义是"负责""有主见""自强""积极""担当""自信""有能力""自觉""目标明确"和"他律"（自律的反义）。配对 T 检验发现自主与自立在 5 种语义上差异达到显著，即"自律""主见""自信""个人主义"和"单干"。说明自主与自立的概念内涵非常接近，但是在核心内涵上存在明显的差异，两者不能互相替代。

（2）采用聚类分析发现自主语义表中 29 个形容词可以分为两大语义丛，第一类是非个体化语义丛，包括 21 个形容词；第二类个体化语义丛，包括"分离""疏远""独自""单干""孤僻""叛逆""自我中心"与"个人主义"；而个体化语义丛与自主的核心距离比较远，说明中国大学生的自主不包含个体化语义丛。

（3）采用迫选法比较中西方大学生自主的突出特点，结果发现大学生认为中国大学生自主强调"自律""负责""自强"，而西方大学生自主更强调"自由""独立""有个性"。说明中国大学生的自主内涵不同于个人主义文化背景中的自主。

# 研究二　自主的结构研究

## 1　研究目的

Hmel 和 Pincus（2002）对 15 种不同的自主性量表进行了分析后，认为自主是有多维的心理结构，建议编制一个统一的自主性量表来检验自主性的结构。我国近些年来对青少年自主性发展进行一些研究，一般采用翻译国外量表并修订而成的，如 Smetana 领域自主量表（吴波 & 方晓义，2006）、Feldman 和 Rosenthal 行为自主期望问卷（张文新，王美萍 & Fuligni，2006），日本研究者编制的"自主性诊断检查表"（史清敏，et al.，2003）；国内研究者也自编了相关的量表（邹晓燕、杨丽珠，2005；凌辉、黄希庭，2006；姚丹，2007；邹晓燕、贾玉梅，2008；韦炜，2008；夏凌翔、黄希庭，2009），但这些研究尚在探索阶段。基于对自主的语义研究，本研究将采用问卷法，以中国成年初期的大学生（18～25岁）为研究对象，验证自主是一个多维度的心理结构，并为探讨大学生自主发展特点及相关研究提供研究工作。

根据文献研究，本研究假定自主是一个三维的心理结构。自编的成年初期自主问卷具有良好的信度和效度，符合测量学要求。

# 2　成年初期自主问卷的编制过程

## 2.1　问卷项目的获取

问卷项目的确定一般有三种思路，自上而下，即来自已有的文献研究；自下而上，即完全从本国文化和国情出发，通过开放式调查或访谈收集数据，编制量表；第三种思路是将这两种思路结合。本研究对成年初期自主问卷遵循第三种思路，问卷项目主要来自两个方面，一方面是来源于小组访谈和开放式问卷调查，一方面是来源于已有的研究文献。

### 2.1.1　开放式问卷调查及访谈

成年初期自主的结构研究，首先要解决两个问题：①我国大学生对自主的定义是什么；②大学生作为成年初期的代表群体，典型的自主行为表现是什么？围绕这两个核心问题，设计了五个问题组成开放式问卷（见附录）。考虑到大学生基本上是在学校过集体生活，家庭成员之间的互动相对少于同伴互动，因此开放问卷中加入了一个问题，要求被试者报告同伴之间的典型自主行为。

在公选课上邀请109名大学生参与开放式调查，其中包括16名研究生和93名高中生；男生62人，女生47人，年龄范围从18到26岁，平均年龄为21±1.95岁。将所有文字录入电脑，对调查的结果进行初步归类和汇总。得到297条有效记录，其中82条自主定义，97条17～25岁大学生的典型自主行为，88条同伴之间的自主行为。然后请两位心理学专业研究生一起从这些记录中筛选出与自主相关的词条和简单陈述句，与语句过长的改写为短句，意思不改变，对表意模糊删除。最后得到自主定义127条关键词和自主行为217条陈述。

结合已有的理论构想及内容分类的结论，划分了维度自主的三个维度：自我主张、自我依靠、自我控制。然后建立编码系统对内容编码，依照维度将被试者的回答进行编码，内容编码结果见下表3-2-1。

**表3-2-1 成年初期自主的内容分析**

| 分类 | 自主定义（n=127） | | | 自主行为（n=217） | | |
|---|---|---|---|---|---|---|
| | 词或短语 | 频次 | % | 短语或短句 | 频次 | % |
| 自我主张 | 主动 | 23 | 18.11 | 选择专业、学校／填报志愿 | 26 | 11.98 |
| | 有主见 | 18 | 14.17 | 积极主动参与社交活动 | 26 | 11.98 |
| | 自觉自愿 | 11 | 8.66 | 有主见，不附和他人 | 24 | 11.06 |
| | 自我决定 | 10 | 7.87 | 自我决定做某事（上学，恋爱等） | 11 | 5.07 |
| | 有思想（有信念） | 6 | 4.72 | 有人生目标／价值观 | 7 | 3.23 |
| | 自我主宰 | 4 | 3.15 | 能够表达自己的想法和意见 | 6 | 2.76 |
| | 合计 | 72 | 56.70 | 合计 | 100 | 46.08 |
| 自我依靠 | 独立完成 | 11 | 8.66 | 独自一人乘车或上学报到 | 23 | 10.60 |
| | 独立解决问题 | 5 | 3.94 | 独立解决问题／完成任务 | 16 | 7.37 |
| | 有能力 | 3 | 2.36 | 打工兼职或找工作 | 15 | 6.91 |
| | 独处 | 1 | 0.79 | 自己的事情自己做 | 14 | 6.45 |
| | 离开父母 | 1 | 0.79 | 远离父母，独立生活 | 6 | 2.76 |
| | | | | 第一次人生经验（如课题申请） | 7 | 3.23 |
| | | | | 独处是种享受 | 3 | 1.38 |
| | | | | 有自己的兴趣 | 1 | 0.46 |
| | 合计 | 21 | 16.54 | 合计 | 85 | 39.17 |
| 自我控制 | 自我控制／自我约束 | 18 | 14.17 | 坚持自己的学习计划，不需监督 | 8 | 3.69 |
| | 有计划／有目标 | 11 | 8.66 | 独立完成作业，不抄袭 | 8 | 3.69 |
| | 有执行力／负责任 | 5 | 3.94 | 拒绝不良影响，如喝酒、上网 | 8 | 3.69 |
| | | | | 自我管理（生活、时间、金钱等） | 6 | 2.76 |
| | | | | 履行承诺 | 1 | 0.46 |
| | | | | 失恋后积极面对生活 | 1 | 0.46 |
| | 合计 | 34 | 26.77 | 合计 | 32 | 14.75 |

内容编码过程中发现成年初期的典型自主行为总体报告有两个特点：一是符合年龄的典型自主行为偏少。原计划问卷调查至少可以收集436条典型自主行为；当要求被试者表明年龄时，符合条件的记录只有185条，被删除的主要是18岁高中毕业以前的自主行为；二是频次离散程度大，已有的报告

中典型行为要么过于具体。比如，独自乘车上学或到外地，填报高考志愿或选择专业及学校；要么过于分散，比如，积极参加社交活动，包括参与社团活动，策划团体活动，参加聚会，或帮助同学等。根据内容分析比较难直接形成问卷。

针对问卷调查结果，请其中 16 名被试者，均是心理学研究生，进行了开放式小组讨论分析。讨论结果可以归结为以下几点：①自主是比较正式的、官方的用语，比如教育、咨询的目标等，个人较少用来评价自己；②在 18 岁后自主行为常与社会成熟混合，如离开家庭、恋爱结婚、上大学、有工作、有经济收入等；③18 岁后自主行为较多体现在人生规划、独立思考、学习上的自我约束等方面，较少体现某个具体领域行为中。鉴于此，本研究将不再继续进行问卷调查收集自主的条目。

### 2.1.2　国内研究工具中相关项目的收集

尽管国外有关自主的研究很多，本研究认为自主性的内涵和发展途径是受文化的影响，因此收集了国内 2000 年以后自编自主、自立或独立问卷相关的项目，主要参考的文献有：于国庆（2004）大学生自我控制问卷，凌辉和黄希庭（2006）编制的 6 ~ 12 岁儿童的自立量表，姚丹（2007）自编大学生自主性量表，邹晓燕和贾玉梅（2008）自编的初中生自主问卷，韦炜（2008）自编青少年独立性量表，夏凌翔和黄希庭（2009）编制青少年自立人格量表和。

### 2.1.3　问卷维度的界定和项目的修订

根据内容分析和自主的理论研究建立自主的三个维度，即自我主张、自我依靠和自我控制，在每个维度下又从两个方面个人内和人际间，给予了相应的界定：

（1）自我主张的定义是根据个人的信念、意愿和价值观，支配自己的行动，自己决定。与此相反的行为是被动，从众，没有主见，不能自我决断。自我主张体现于个体内是一种自由的体验，一种为自己的人生做选择或决定的主人感，有明确的价值观。自我主张体现在人际间是积极主动交往，敢于表达自己的意见和想法，对人对事有主见，不盲目听从别人的意见或想法。

（2）自我依靠的定义是指有能力离开某个角色，依靠自己的力量解决生存和发展问题，自己照顾自己，享受独处。与此相反的行为是离不开某个角色，依赖某个角色生存与发展。自我依靠体现于个人内是能够经验自己作为独特个体的存在，尝试冒险，享受独处；体现人际间是拒绝依赖某个客体，与客体的分离，不过分寻求肯定或赞赏，能够自理自护，自己解决问题。

（3）自我控制的定义是指服务于个人目标的能力，包括制订计划，抵制外界影响或诱惑，克服困难或挫折，坚持计划，努力完成任务的能力。与此相反的方面是任性，不计后果，对自己持放纵态度，对自己的言行不加约束。自我控制体现于个体内是行为有目的、有计划，有种责任感或掌控感；体现于人际间是拒绝他人的影响与诱惑，不要他人监督自觉履行自己的责任或执行计划。

研究者邀请三名心理学研究生将文献中收集的条目和开放问卷收集到的217条目进行了可读性和年龄阶段方面的纠正。请他们将条目逐一归入这些维度，然后将意思重复或相近的项目合并；对于难以归类的条目或表述过长的项目在小组充分讨论分析后，要么简化处理，要么修改表述后，要么删除，最后形成90个项目的初始问卷（见附录Ⅴ），涵盖大学生的学习、生活、家庭、人际交往、经济、工作等多方面。研究对初步编订的问卷采取 Likert7 点计分（1 表示完全不符合，7 表示完全符合），并对有些项目做了反向表述。

## 2.2 预测与修正

预测对象为武汉某高校大学生，预测被试者是采用整群抽样的方法选取140名大学生，回收有效问卷116份，有效率82.9%，其中男生76人，女生38人；理工科75人，文科34人。年龄在 18 ～ 24 岁，平均年龄为 21 ± 1.40。

预测研究的目的是对问卷进行项目分析。首先对 90 个项目分析，将自主总分按照从高到低的顺序排列，得分前 27% 者为高分组，得分后 27% 者为低分组，求出高低两组被每道题目得分平均数差异的显著性检验。如果 CR 值没有达到显著标准，即表示这个题目不能鉴别被试者的反应程度，鉴别度较低，应当被删除。其次将各项目与量表总分的相关矩阵中与总分相关不显著的项目删除，项目分析共删除了 20 题。

再次采取主成法抽取因素，用正交方差极大法进行因素旋转，结合碎石图和特征根大于 1 的原则，经过多次探索，删除因子载荷过低和双重载荷，最后得到 40 题，8 个因子，累积解释率为 56.90%；如果强制 3 个，则累积解释率下降到 36.32%。综合项目分析和因素分析结果，发现因子数不能强制为 3 个，强制三个因子分析发现是自我控制和自我主张因素载荷和项目数量上失衡；最后三个维度中个体内和人际间的项目是混杂的。如自我主张在探索性因素分析中，人际间的项目几乎都删去，说明人际间和个人内的划分有些牵强。因此需要调整理论构想，验证自主的三维度是否成立。

因此有必要对筛选出来的 40 个项目条目再次分析，对语义重复、表意模糊或者表面效度过高的项目进行了修正和综合，最后确定 43 个题作为正式问卷。

## 2.3  正式施测

### 2.3.1  研究对象

随机抽取武汉三所高校大学生和研究生 700 人发放问卷，回收有效问卷 659 份，有效率为 94.1%。被试者涵盖本科生和研究生，其中大一 147 人（占 22.3%），大二 186 人（占 28.2%），大三 185 人（占 28.1%），大四 47 人（占 7.1%），研究生 94 人（占 14.3%）。被试者的人口学资料见表 3-2-2。

表 3-2-2  被试者人口学资料（N=659）

| 属性 | 类别 | 总计 | 比例（%） |
|---|---|---|---|
| 性别 | 男生 | 425 | 64.5 |
| | 女生 | 211 | 32.0 |
| | 缺失值 | 23 | 3.5 |
| 年龄 | 18 岁（包括小于 18 岁） | 45 | 6.9 |
| | 19 岁 | 80 | 12.1 |
| | 20 岁 | 160 | 24.3 |
| | 21 岁 | 143 | 21.7 |
| | 22 岁 | 117 | 17.8 |
| | 23 岁 | 64 | 9.7 |
| | 24 岁 | 28 | 4.2 |
| | 25 岁（包括大于 25 岁） | 20 | 3.0 |

续表

| 属 性 | 类 别 | 总计 | 比例（%） |
|---|---|---|---|
| 年龄 | 缺失值 | 2 | 0.3 |
| 专业 | 文科 | 72 | 10.9 |
| | 理工科 | 539 | 81.8 |
| | 艺体类 | 7 | 1.1 |
| | 缺失值 | 37 | 5.6 |
| 是否独生 | 是 | 209 | 31.7 |
| | 否 | 429 | 65.1 |
| | 缺失值 | 17 | 2.6 |
| 来源 | 大城市 | 82 | 12.4 |
| | 县镇 | 204 | 31.0 |
| | 农村 | 351 | 53.3 |
| | 缺失值 | 20 | 3.0 |

### 2.3.2 数据处理

将总体数据（N=659）随机分成两半，采用Spss11.5统计软件对其中一半数据（N=328）进行成年初期自主结构的探索因素分析，采用Liserel8.7统计软件对另一半数据（N=329）进行验证性因素分析。

# 3 结果与分析

## 3.1 成年初期自主结构的探索

先对正式问卷再次进行了项目分析，成年初期自主的43个项目的鉴别度都较高。然后对这些进行探索性因素分析。用Bartlett球形检验和KMO系数检测数据是否适合做因素分析。结果显示KMO系数0.911（大于推荐值0.80），表明采样充足，变量之间的偏相关很小；Bartlett球形检验 $\chi^2$=4453.194，p＜0.001，说明数据适合进行因素分析。提取因子的方法是主成分分析方差极大正交旋转的方法，结果发现特征值大于1的因子有9个，解释项目总变异的54.09%。

结合碎石图（见图3-2-1），特征值从第二个因子处出现拐点走势变缓，碎石图的结果表明提取2～3个因子比较合适。根据碎石图的结果，同时结合本研究的理论构想，分别提取二因子、三因子、四因子和五因子再次进行探索性因素分析。

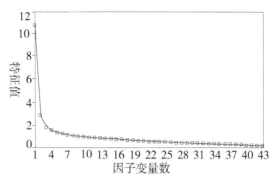

**图 3-2-1 探索性因素分析碎石图**

首先以共同度低于 0.3，因素负荷低于 0.4，存在双重负荷（双重负荷均在 0.3 以上且负荷之差小于 0.3）为标准删除项目；其次根据多数研究者的实际经验，一个维度层面的项目数最少在三个以上，否则会因题项太少，无法测出所代表维度的特质，其内容效度会不够严谨，因而在因素分析时，删除所包含项目小于 3 的因素层面。在具体操作中，每次删除一个项目，重新进行探索性因素分析，并依新分析的结果，决定下一个要删除的项目对象。经过多次的探索，反复比较，结果发现四个因子时结构最清晰，每个项目的因素负载都在 0.55 以上，总体方差解释率为 54.67%（见表 3-2-3）。虽然四因子与理论构想不一致，多出一个因子，但是还是可以接受的，因为 F1 和 F4 联合解释了自我主张，而在内容分析中自我主张的累积频次（在自主定义中的频次为 56.70%）明显高于其他两个维度，适合再划分出一个维度。F2 和 F3 则与内容分析中的自我依靠和自我控制一致。

**表 3-2-3 成年初期自主的四因子结构**

| 项 目 | F1 | F2 | F3 | F4 | 共同度 |
|---|---|---|---|---|---|
| 32. 遇到事情，我能够自己拿主意 | 0.813 | | | | 0.715 |
| 31. 在做决定之前我一般会先权衡利弊 | 0.730 | | | | 0.608 |
| 35. 一个人在外求学，我能够照顾好自己的饮食起居 | 0.706 | | | | 0.559 |

续表

| 项　目 | F1 | F2 | F3 | F4 | 共同度 |
|---|---|---|---|---|---|
| 23. 我依靠自己的经验和思考做出决定，而不是被他人所左右 | 0.681 | | | | 0.556 |
| 26. 我在一些重大的问题上有自己的选择 | 0.668 | | | | 0.560 |
| 28. 我能够按自己的意愿和安排做事 | 0.659 | | | | 0.632 |
| 40. 我对自己需要做的事情有清晰的认识 | 0.573 | | | | 0.510 |
| 6. 无论是在学习、工作还是生活中，我喜欢挑战自己 | | 0.707 | | | 0.609 |
| 5. 尽管有人可以依靠，但我还是愿意自己的事自己做 | | 0.681 | | | 0.572 |
| 18. 遇到麻烦事，我喜欢靠自己解决问题 | | 0.649 | | | 0.512 |
| 15. 我喜欢尝试从未做过的事情，这让我感到刺激 | | 0.579 | | | 0.440 |
| 19. 我能够独立完成一些事情，如活动策划或执行 | | 0.561 | | | 0.482 |
| 9. 有时我感到一个人独处也是一种享受 | | 0.551 | | | 0.362 |
| 25. 我很难按计划坚持学习或工作 | | | 0.713 | | 0.544 |
| 21. 不需要他人督促，我会主动做自己应该做的事 | | | 0.675 | | 0.583 |
| 17. 如果没有家长或老师的督促，我会觉得学习生活失去了控制 | | | 0.653 | | 0.480 |
| 29. 我能坚持自己的学习计划，不受周围干扰 | | | 0.613 | | 0.497 |
| 11. 我对很多事情都是犹豫不决的 | | | | 0.776 | 0.621 |
| 8. 听了别人的话，我常改变自己的心意 | | | | 0.715 | 0.519 |
| 16. 我对自己的判断没有信心 | | | | 0.689 | 0.571 |
| 特征值 | 3.912 | 2.894 | 2.216 | 1.912 | |
| 解释率 | 19.558% | 14.470% | 11.081% | 11.081% | |

## 3.2　验证性因素分析

心理学中通常采用验证性因素分析（confirmatory factor analysis，CFA）以考察所测量的假设结构及变量的因素负荷。根据温忠麟，侯杰泰 & 成子娟（2004）提出的结构方程模型检验的拟合指数指标，非标准拟合指数 NNFI 和相对拟合指数 CFI 的临界值为 0.90，RMSEA 的临界值为 0.08，$\chi^2/df$ 一般在 3.0 以下表示模型拟合好。成年初期自主四因子模型 NNFI 为 0.95 > 0.90，CFI 为 0.95 > 0.90，RMSEA 为 0.061 < 0.08，$\chi^2/df$ 为 2.512 < 3.0，说明模型拟合情况良好（见表 3-2-4）。

**表 3-2-4　成年初期自主四因子模型的拟合指标**

| $\chi^2$ | df | $\chi^2/df$ | RMSEA | GFI | NNFI | IFI | CFI | RFI | NFI |
|---|---|---|---|---|---|---|---|---|---|
| 412.13 | 164 | 2.512 | 0.061 | 0.91 | 0.95 | 0.95 | 0.95 | 0.92 | 0.92 |

## 3.3　问卷的信效度检验

### 3.3.1　问卷的信度分析

成年初期自主问卷内部一致性（Cronbach's α）系数为 0.868，四个维度的内部一致性系数为分别为 0.870，0.759，0.659，0.636。奇偶分半信度为 0.794，前后分半信度为 0.745。间隔三周后进行重测，成年初期自主问卷的重测信度为 0.798。各指标达到心理测量学要求，表明问卷具有较高的信度。

### 3.3.2　问卷的效度分析

#### 3.3.2.1　内容效度

内容效度是问卷的项目是否测到了所要测的内容，是否能代表所测量的内容范畴。本文首先通过对成年初期自主的文献综述，初步得到了自主的定义及内涵；其次通过开放式访谈，对自主的结构做了理论构想，并参考大学生自主、独立性、青少年自立和大学生自我控制的一些题目，编制了成年初期自主问卷；探索性因素分析的结果可以与内容分析的结果对应起来，而且自主四因子结构是对理论建构的三因子六维度的简化。

成年初期自主的四个因子可以命名为自我主张（F1），其含义是人生目标明确，遇事有主见，能够自己拿主意；对自己也有清醒的认识；自我依靠（F2），其含义是倾向并有能力依靠自己的力量解决问题，敢于自我挑战，保持个人独立性；自我控制（F3），其含义是能够自我约束，不需他人的监督，做事有计划性，并能坚持到底；自我决断（F4），其含义是对自己充满信心，能够为自己做决定，行为果断而坚定。

### 3.3.2.2　结构效度

对上述问卷的探索性因素分析的结果可作为问卷结构效度的一个证明。结果表明成年初期自主的四因素结构非常清晰，项目的因素载荷均大于 0.55，总体方差解释率为 54.67%。通过通过验证性因素分析，四因子模型的拟合指标比较好（见图 3-2-2）

表 3-2-5 表明，各维度间的相关在 0.161 ～ 0.664 之间，维度与总分的相关在 0.635 ～ 0.901 之间，均高于维度间的相关，这样保证各维度测量的既是不同的内容又是自主这一共同领域。问卷内各维度呈中等程度相关，说明各维度具有一定的独立性；各维度与总分呈中等偏高的相关，说明问卷具有较高的同质性。上述各项指标表明，成年初期自主问卷具有较好的结构效度。

**表 3-2-5　成年初期自主各维度间、维度与总分的相关**

| 变量 | 1 | 2 | 3 | 4 | 5 |
|------|------|------|------|------|------|
| 自我主张 | 1 | | | | |
| 自我依靠 | 0.664★★ | 1 | | | |
| 自我控制 | 0.494★★ | 0.161★ | 1 | | |
| 自我决断 | 0.456★★ | 0.246★★ | 0.374★★ | 1 | |
| 自主总分 | 0.901★★ | 0.742★★ | 0.679★★ | 0.635★★ | 1 |

### 3.3.2.3　效标关联效度

本研究选用自我效能感作为成年初期自主性量表的效标。自我效能感对个体的成就也有着突出的积极影响，陈雪莲（2010）选取自我效能感作为衡量学业自主和友谊自主的效标关联效度的指标。一般自我效能感问卷（GSES）由 Jerusalem 和 Schwarzer（1981）编制，经过多年的广泛应用证明该量表具有良好的信度和效度，Zhang 和 Schwarzer（1995）修订了该量表的中文版，其信度为 0.862；本研究采用 GSES 中文版。

整群抽取 158 名大学，其中男生 79 人，女生 71 人；年龄在 17 ～ 24 岁，平均年龄 21±1.37；文科生 55 人，理科 30 人，工科 69 人，艺术生 3 人；独生子女 39 人，非独生子女 111 人。

表 3-2-6 表明自主总分及各维度与一般自我效能感的相关在 0.164 ～ 0.528 之间，相关达到显著。

表 3-2-6　成年初期自主各维度与一般自我效能感的相关

| | 自我主张 | 自我依靠 | 自我控制 | 自我决断 | 自主总分 |
|---|---|---|---|---|---|
| 一般自我效能感 | 0.493★★ | 0.528★★ | 0.164★ | 0.282★★ | 0.507★★ |

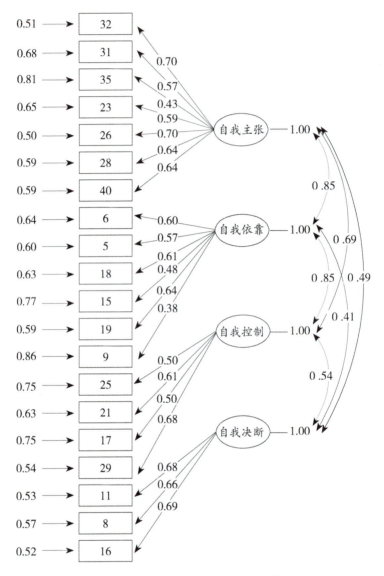

图 3-2-2　自主四因子结构方程模型

# 4　小结

（1）自编成年初期自主问卷共有20个项目，由四个维度构成，即自我主张、自我依靠、自我控制及自我决断。问卷法证实成年初期自主是一个四维结构而不是三维结构。

（2）自编成年初期自主问卷具有较好的内部一致性信度和重测信度，并且结构效度和内容效度也符合测量学的要求，表明该工具适合测量成年初期的自主行为。

# 研究三　内隐自主的研究

## 1　研究目的

中国被视为关系取向的集体主义文化，而自主被认为是西方个人主义文化中核心，当代中国学生在中西文化碰撞中是否真的吸纳了"自主"，并把自主作为现代化人格的核心部分呢？仅用自陈报告研究无法回答这一问题。本研究将采用内隐联想测验（implicit association test，IAT）技术对自主进行探讨。

华盛顿大学的心理学家 Greenwald 等人（1995）发明了用来测量概念间自动联系强度的内隐联结测验 IAT，并提出了内隐社会认知的理论，即在社会认知过程中，虽然个体不能回忆某一过去经验（如用自我报告法或内省法），但这一经验潜在对个体的行为和判断产生影响。蔡华俭（2002）采用评价性启动程序，对中国人的内隐自尊进行研究，即以"我"作为启动刺激，同时以非我的"他"作为对比启动刺激，分别启动积极和消极的目标刺激，发现中国大学生内隐自尊的存在，大学生对自我持有显著的积极、肯定的评价。评价性启动测量主要是基于刺激本身的特性，而不是直接基于类别本身，Fazio 等（1986）研究表明，当以态度对象为启动刺激时，与态度刺激相连的评价将会被激活，从而促进对相关的目标刺激的判断。本研究借鉴评价性启动测量，探索中国大学生的内隐自主，以及内隐自主是不同于外显自主的运作。

本研究假设中国大学生自我图式中存在自主，内隐自主的IAT效应显著，而且内隐自主与外显自主之间相关性低，相对独立。

# 2　研究方法

## 2.1　研究对象

在武汉某大学招募152名大学生做志愿者参与心理学实验，要求对电脑的有关操作熟悉。实验获得知情同意，有效被试者136人，其中男性76人（55.9%），女性60人（44.1%）；年龄在18～24岁，大一53人，大二43人，大三40人；

## 2.2　实验方法

### 2.2.1　外显自主的测量

自编成年初期自主问卷。采用团体施测方式，主试者按标准程序施测，完成后当场收回。

### 2.2.2　内隐自主的测量

#### 2.2.2.1　刺激词的确定

启动词参照蔡俭华（2006）的研究，以"我"作为启动刺激，同时以非我的"他"作为对比启动刺激，其中

自我词为：我、我的、我们、本人、自己、咱

非我词为：他、他们、别人、她、她们、别个

目标词的确定采用研究一中自主语义量表中的核心词，结合开放调查中获得的自主高频词，确定代表了18个自主的高频词汇。然后在公选课上请100名大学生根据对这些词的理解写出自主的反义词，并按所写词的代表性从高到低排序。回收有效问卷90份，从中筛选18个高频词。最后邀请5位心理学研究生对18对词再次做出评定，兼顾词汇的代表性和熟悉程度，最后

确定 12 对词，作为实验材料。

自主 1：负责，目标明确，有主见，主动，自律，自觉

受控：被动，强迫，盲目，无主见，受控，任性冲动

自主 2：独立，有个性，自立自强，积极乐观，果断，自信

依赖：依赖，懦弱，无思想，优柔寡断，不坚定，消极

### 2.2.2.2　内隐自主的测验过程

实验假定的相容任务是"我 – 自主 1"，"非我 – 受控"，和"我 – 自主 2"，"非我 – 依赖"；不相容任务是"我 – 受控"，"非我 – 自主 1"；"我 – 依赖"，"非我 – 自主 2"。两个内隐联结测验均由七个基本步骤组成（见表 3–3–1）。第一步要求被试者用快速按键对属性概念词进行分类，如出现自主词按"A"键，出现依赖或受控词按"L"键；第二步要求被试者用快速按键对目标概念词进行分类，如出现自我词按"A"键，出现非我词按"L"键；第三步，要求被试者进行联合辨别，如把自我词和自主词归为一类并按"A"键，把非我词和依赖／受控词归为一类并按"L"键；第四步的任务与第三步一样；第五步是第二步的反转，即要求被试者出现非我词时按"A"键，出现自我词时按"L"键；第六步是第三步的反转，即要求被试者把非我词和自主词归为一类，并按"A"键，把依赖／受控词和我词归为一类，并按"L"键，第七步与第六步相同。

其中，第一、二、五步为练习，出现错误时，给予被试者信息反馈（错误的反应词用红色呈现）。第三、六步为练习任务，第四、七步为关键任务，分别为相容和不相容部分。相容任务出现在不相容任务之前和之后的概率各半，随机决定先进行何种任务。计算机会自动记录被试者每次做出判断所需的反应时间和反应准确率。在各部分之间会呈现被试者反应准确率和平均反应时。所有刺激词汇均呈现在屏幕中间，屏幕左上角及右上角呈现提示语。

表 3-3-1 测验内隐自主的 IAT 样例

| 测验顺序 | 任务描述 | 概念词 | 样例说明 |
|---|---|---|---|
| 1 | 联想属性词辨别 | A 自主；L 依赖 | A 独立；L 依赖 |
| 2 | 初始靶词辨别 | A 我；L 非我 | A 自己；L 别人 |
| 3 | 联合任务 1*（练习任务） | A 自主，我；L 依赖，非我 | A 独立，我；L 依赖，他 |
| 4 | 联合任务 1（关键任务） | A 自主，我；L 依赖，非我 | A 独立，我；L 依赖，他 |
| 5 | 相反靶词辨别 | A 非我；L 我 | A 她们；L 我们 |
| 6 | 联合任务 2**（练习任务） | A 自主，非我；L 依赖，我 | A 有主见，她们；L 无主见，我们 |
| 7 | 联合任务 2（关键任务） | A 自主，非我；L 依赖，我 | A 有主见，她们；L 无主见，我们 |

注：* 联合任务 1 可以是兼容或是不兼容实验（随机安排）；** 联合任务 2 的兼容和不兼容实验安排与联合任务 2 相反。

### 2.2.2.3 内隐自主的测验程序

内隐联结测验在计算机上进行，程序由美国 INQUISIT 专业心理软件公司提供，经过汉化和修改。IAT 测验程序按计算机程序及其指导语要求进行，程序记录被试者的每一次按键反应的时间及正误。事前培训 6 名心理学研究生做主试者，实验采用团体施测，在应用心理学研究所的计算机房实施，并对参与者回赠精美小礼品。

## 2.3 数据处理

采用 SPSS11.5 录入数据，进行描述统计、相关方差分析、单因素方差分析及配对 T 检验。

# 3 结果与分析

## 3.1 内隐数据的初步整理

IAT 数据依照下列方式进行整理（Greenwald，McGhee，& Schwartz，1998）：首先，删除内隐联想测验反应时错误率超过 20% 的被试者或重复测验的被试者，这样共删除被试者 16 人；其次，两个联合任务测验中的前两次测验（步骤 3 和步骤 6），将短于 300 毫秒的反应时记为 300 毫秒，长于 3000 毫秒的反应时记为 3000 毫秒。经过上述处理后，得到有效被试者 136 人。

对于不相容和相容部分结果的反应时求平均，其差便为内隐自主效应。为使结果适于做进一步的统计分析，还对指标中采用的反应时作对数转换，以转化后的结果为基础对不相容部分和相容部分结果的求平均，其差作为内隐自主的 IAT 指标 D；D 大于 0，而且 D 值越大，说明内隐效应越大，刺激词与目标词的联系也越紧密。

## 3.2　自主的 IAT 效应

表 3-3-2 可见相容和不相容任务反应时及 IAT 值。将自我词和自主词归为一类（相容任务）的反应时较短，把自我词和依赖/受控词归为一类（不相容任务）反应时较长。分别对两个内隐自主实验的相容任务和不相容任务的反应时做配对 T 检验，结果表明两个实验中的差异都非常显著（$p < 0.001$），IAT 效应值为 0.18，0.16，表明被试者倾向将自我与自主归为一类，在被试者的自我图式中，自我与自主的词语联系更紧密。

表 3-3-2　相容和不相容分类任务的反应时和相应的 IAT 值（ n =136，单位：毫秒）

|  | 相容（M±SD） | 不相容（M±SD） | 原始 IAT | D | t |
|---|---|---|---|---|---|
| IAT1 | 812.94±209.61 | 1248.33±409.34 | 435.39±309.48 | 0.18±0.11 | 14.66*** |
| IAT2 | 812.45±204.52 | 1179.14±341.04 | 366.69±272.78 | 0.16±0.10 | 14.13*** |

## 3.3　自主 IAT 效应的性别差异

分别对自主的两个 IAT 效应进性别差异检验（见表 3-3-3），结果表明男生的两个 IAT 效应值明显高于女生，两个 IAT 效应在性别上差异均显著（$p < 0.01$），说明在男生自我概念与自主联系更紧密。

表 3-3-3　自主 IAT1 效应的性别差异（单位：毫秒）

|  | 性别 | N | 相容<br>（M±SD） | 不相容<br>（M±SD） | 原始 IAT | D | t |
|---|---|---|---|---|---|---|---|
| IAT1 | 男 | 76 | 815.90±<br>183.14 | 1319.85±<br>428.92 | 503.95±<br>372.08 | 0.20±<br>0.11 | 2.61** |
|  | 女 | 60 | 809.19±<br>240.57 | 1157.75±<br>366.88 | 348.56±<br>291.10 | 0.15±<br>0.10 |  |
| IAT2 | 男 | 76 | 807.68±<br>175.02 | 1254.76±<br>428.92 | 447.08±<br>312.52 | 0.18±<br>0.09 | 3.80*** |
|  | 女 | 60 | 809.19±<br>240.57 | 1157.75±<br>366.88 | 264.84±<br>257.98 | 0.12±<br>0.10 |  |

## 3.4　内隐自主和外显自主的关系

将自主的两个 IAT 进行经过对数转化后，对两个内隐自主效应与外显自主总分及个维度进行相关分析（见表 3-3-4），结果发现外显自主总分及个维度之间相关均显著（$p < 0.01$），两个自主内隐 IAT 效应值间相关也显著（$r=0.571$，$p < 0.01$），但是两个内隐 IAT 与外显自主维度及总分之间相关均不显著。预示着外显测量与内隐测量间存在良好的区分度，也预示着内隐自主与外显自主彼此间是独立的。为验证这一构想，进一步采取分组比较。

表 3-3-4　各内隐自主测量指标与外显自主测量指标的相关情况

|  | IAT1 | IAT2 | 自我<br>主张 | 自我<br>依靠 | 自我<br>控制 | 自我<br>决断 | 自主<br>总分 |
|---|---|---|---|---|---|---|---|
| IAT1 | 1 |  |  |  |  |  |  |
| IAT2 | 0.571** |  |  |  |  |  |  |
| 自我主张 | −0.140 | −0.063 |  |  |  |  |  |
| 自我依靠 | −0.065 | −0.069 | 0.755** |  |  |  |  |
| 自我控制 | −0.047 | 0.061 | 0.509** | 0.297** |  |  |  |
| 自我决断 | −0.123 | 0.102 | 0.350** | 0.291** | 0.432** |  |  |
| 自主总分 | −0.122 | −0.006 | 0.899** | 0.810** | 0.708** | 0.611** | 1 |

在 136 名有效被试者的 EAA 总分中抽取分数处于上端 27%（≥ 114）的 42 人作为高分组被试者，再抽取分数处于下端的 27%（≤ 97）的 36 人作为低分组被试者，然后进行比较这两个组在外显自主总分及各维度和内隐 IAT 上的差异。

从表 3-3-5 可以看出外显自主高低分组在外显自主总分和四个维度上的独立样本 T 检验差异均十分显著（$p < 0.001$），但外显自主高低分组在两个

内隐自主效应 IAT1 和 IAT2 上的独立样本 T 检验，差异均不显著（见表 3-3-6）。这表明外显自主与内隐自主是相对独立的。

表 3-3-5　高外显自主和低外显自主分组在外显自主各维度上的差异（M±SD）

|  | N | 自我主张 | 自我依靠 | 自我控制 | 自我决断 | 自主总分 |
|---|---|---|---|---|---|---|
| 高分组 | 42 | 43.59± 2.38 | 35.66± 2.43 | 22.95± 2.89 | 16.17± 2.83 | 118.38± 4.48 |
| 低分组 | 36 | 32.49± 6.66 | 26.82± 5.62 | 15.34± 3.88 | 10.50± 2.86 | 84.48± 12.01 |
| t | 10.12*** | 9.31*** | 9.31*** | 8.90*** | 16.98*** |  |

表 3-3-6　高外显自主和低外显自主分组在内隐自主维度上的差异（M±SD）

|  | N | IAT1 | IAT2 |
|---|---|---|---|
| 外显高分组 | 42 | 469.36±374.38 | 334.03±228.98 |
| 外显低分组 | 36 | 452.35±381.22 | 411.23±370.23 |
| t | 0.201 | −1.13 |  |

## 4　小结

（1）自主内隐联结测验中两个相容任务（我－自主1，我－自主2）的反应时低于不相容任务（我－受控，我－依赖），差异均达到显著，即内隐自主的 IAT 效应显著，说明自主与大学生自我图式联系更紧密；自主内隐联结测验两个 IAT 效应性别差异显著，男生的 IAT 效应明显高于女生，说明自主与男生的自我图式联系更紧密。

（2）外显自主的总分及各维度与内隐自主相关不显著，而且外显自主高分组与低分组在两个内隐自主的 IAT 上差异不显著，说明外显自主与内隐自主是相对独立的。

# 研究四　自主的过程研究

## 1　研究目的

国内外研究者一致认为自主是个复杂的概念，自主既是一种个体内过程，也是一种人际间过程（Collins & Steinberg，2006/2009；夏凌翔、黄希庭、吴波，2008），从根本上讲是人在活动中建构并发展了自主，基于自陈报告法的研究范式显然不能解释自主的动态和过程。当前有两种方法研究自主的过程性，一是以 Nucci，Smetana 为代表的社会认知理论流派，将亲子关系质量作为行为自主的指标，基于亲子互动的观察采用他评法，Collins 和 Steinberg（2006/2009）指出这种方法受他人在场的影响比较大，而且很难将自主作为一个整体能力而概括；二是采用日常经验法（everyday experience methods），通过研究日常生活中不断发生的事件经验，研究人的思想、情感和行为进程的一种方法。与传统心理学观点不同的是这种方法关注日常活动，将生活作为一个多面的系统，在多个场景下研究课题，突出研究问题在真实生活中而非逻辑上的表现，具有显著的生态效应价值。Reis 等人（2000）率先采用事件追随记录研究了日常自主（daily autonomy）。相较他评法，日常经验法更为整合，有利于揭示自主作为主体的心理机能是如何在日常生活中被建构的。

本研究将自主视为个体日常生活经验的一部分，是人在自我调节活动及人际互动过程的建构与经验。采用事件追随记录（event-contingent recording），即要求被试者在预先规定的目标事件发生时进行及时报告，探索自主作为主体的心理机能在中国大学生日常生活中建构过程，验证日常自主性的周末效应（Reis，et al.，2000；胡婷，2008）。

本研究假设成年初期大学生的日常自主水平是动态的，具有周末效应；日常自主性和日常关系对主观幸福有正向预测作用，日常关系在日常自主和日主观幸福感中起中介作用。

# 2　研究方法

## 2.1　研究对象

在武汉某大学招募到 120 名自愿者做被试者，年龄在 18～25 岁，平均年龄 21.5±1.97。筛除无效或缺失记录的数据，获得 108 份有效数据，有效率为 90%。被试者人口信息见表 3-4-1.

**表 3-4-1　被试者人口学信息**

| | 性别 | | 年级 | | 年龄 | | | | | | | |
|---|---|---|---|---|---|---|---|---|---|---|---|---|
| | 男 | 女 | 本科生 | 研究生 | 18 | 19 | 20 | 21 | 22 | 23 | 24 | 25 |
| 人数 | 45 | 63 | 52 | 56 | 6 | 18 | 13 | 9 | 22 | 21 | 13 | 5 |
| % | 41.7 | 58.3 | 48.2 | 51.8 | 5.6 | 16.7 | 12.0 | 8.3 | 20.4 | 19.4 | 12.0 | 4.6 |
| 合计 | 108 | 108 | 107（缺失1人） | | | | | | | | | |

## 2.2　研究工具

日常自主（daily autonomy）Reis 等人（2000）使用了事件追随记录评价日常自主的方法。这种方法都要求被试者每天记录下他们花费时间最多的三种行为（睡觉除外）。然后被试者在一个从 1（完全不是）到 7（完全是）的量表上评定他们可能做某种行为的 4 种不同原因，即外在原因（"外在的情况迫使你做这个行为"），摄入的（introjected）原因（"你让自己做这个行为，以免焦虑或内疚"），认同的（identified）原因（"不管是否有兴趣，你感到这个行为表达了你的真实价值观"）和内在的原因（"你做这个行为纯粹是因为做的兴趣和快乐"）。计算分数时，四种原因的权值不同，内在的为 2，认同的为 1，摄入的为 -1，外在的为 -2。每日常自主分数就是根据被试者提到的三种行为计算出的平均分。

这是权重后合并成一个相对自主指数（Relative Autonomy Index，RAI），是"个人为中心"而非"变量为中心"的方法，也是一种比较整合的方法。RAI 被视为是不同动机类型的标志，当 RAI 是负数时，绝对值越大说明所代表的动机类型越受控；而 RAI 是正数时，绝对值越大说明所代表的动机类型越自主。由于 RAI 与单个分量表的分数相比，更能清晰地反映出个体行为动机的相对自主程度，因而得到了更为广泛的应用（胡小勇、郭永玉，2009）。

日常关系（daily relatedness）：首先要求参与者列出他们每天耗时最多的人际互动。其次评估是否感受到与互动中人在一起的亲密与关联程度，用 1（完全没有）到 7（非常亲密）量表评定。最后日常关系就是这三个交往的平均分数的累计。

日常幸福感（daily subjective well-being）Reis 等人（2000）采用四种方式测量幸福感，本研究对这些量表进行翻译与回译，并在 30 人的团体中进行了测试，最后形成中文版。Diener & Emmons（1984）采用九个评价情感效价的形容词作为积极、消极情感的代表。代表积极情感的形容词是兴奋的、快乐的、满足的、享乐的/开心的。代表消极情感的形容词是忧伤的、担心或焦虑的，失望的，愤怒/敌意的，不幸的。这些词在 1（没有影响）到 7（非常强烈）量表随机分布，参与者根据当天所经历情感的强度做出评价。中文版积极情感的内部一致性 Cronbach's α 为 0.932，消极情感的 Cronbach's α 为 0.850。

日常精神状况量表（Psychological Vitality Scale）是由 Ryan 和 Frederick（1997）编制。这个测量包括七个项目，评估被试者所感知到身体和心理的活力与敏捷。条目包括"此刻我感到充满活力""我感到精力不足""我感到精力充沛""我盼望新的一天到来""我有精神力量""有时我感到自己充满激情"，要求被试者在 7 点量表上做出回答。中文版的日常精神状况量表 Cronbach's α 为 0.857。

Emmons（1991）开发了一个 9 个项目的症状检查表。被试者每天要报告他们感知到的症状程度，如流鼻涕，呼吸困难和疼痛。被试者在 7 点量表上做出回答。中文版症状检查表的 Cronbach's α 为 0.670。

为了方便、全面的评价每个被试者的幸福感，根据主观幸福感的研究，Reis 等人采取了一种合并的方法计算日常幸福感方法：先将每个人的所有幸福感分数标准化，然后从将两个消极测验的分数之和（消极情感和症状），减去两个积极测验的分数之和（积极情感和活力），那么这种合并后的 0 代表所有样本平均每天的幸福感平均分数。

## 2.3 研究程序

首先培训 15 名应用心理学研究生做主试。采用分组负责制，由主试者根据统一指导语集中讲解并指导《日常活动日志》的使用，并追踪后期的日志记录情况，及时解释回答被试者的问题。

为每个被试者准备两份《日常活动日志记录手册》，每 7 天一册，要求被试者在两周完成一份日常活动日志记录。日志要求被试者记录每天花费时间最多的三种活动（睡觉除外）和三种交流时间最长的人际互动。在每天晚上睡觉前填写，大约占用 10 分钟的时间。一周之后，在指定的实验室交回第一周的记录，并领取第二册手册。每次交回记录册时都由主试者邀请请被试者完成配套的问卷调查，即完成对每项活动的自主水平和亲密程度的评价。

由于记录时间较长，为了排除其他因素影响，记录从 2010 年 10 月中旬到 11 中旬进行，记录持续两周，包括两个周末；如果被试者有特殊情况中断，需要在相同的星期再继续，从而保证每个被试者都是包含两个周末的。

本研究为每个被试者准备了一份精美的纪念品，在回收日志时发给被试者。

## 2.4 数据处理

SPSS11.5 录入数据，并进行描述统计、方差分析和回归分析。

# 3 结果与分析

## 3.1 日常自主、日常关系和日常幸福感的周变化特点

### 3.1.1 日常自主的周变化特点

一个被试者两周的活动记录可获得 $3 \times 2 \times 7 = 42$ 条自主水平记录，周自

主水平是按两周内相同星期的活动自主水平相加后取平均值获得，而 108 个被试者累积（aggregate）后的平均值即为大学生日常自主水平（见表 3-4-2）。从表 3-4-2 中可见，一周内大学生的相对自主水平 RAI 在 1.94 ～ 4.51 之间，自主水平变化明显，单因素方差分析组间差异达到显著水平（F=5.803，p < 0.001）。进行事后周内平均值比较（见表 3-4-3 和图 3-4-1），因方差非齐次，采用 Tamhane 检验，发现一周内周六的自主水平最高，其次是周日，说明周六的自主水平与其他时间的自主水平差异达到显著（p < 0.01）。

表 3-4-2　日常自主的周平均值和标准差

|  | 周一 | 周二 | 周三 | 周四 | 周五 | 周六 | 周日 |
| --- | --- | --- | --- | --- | --- | --- | --- |
| M | 2.41 | 1.94 | 2.32 | 2.49 | 2.53 | 4.51 | 3.16 |
| SD | 9.197 | 9.266 | 9.216 | 9.286 | 9.474 | 8.878 | 9.616 |
| F | 5.803★★★ | | | | | | |

表 3-4-3　日常自主的周平均值多重比较

|  | 周一 | 周二 | 周三 | 周四 | 周五 | 周六 | 周日 |
| --- | --- | --- | --- | --- | --- | --- | --- |
| 周一 | 1 | | | | | | |
| 周二 | 0.47 | 1 | | | | | |
| 周三 | 0.09 | −0.38 | 1 | | | | |
| 周四 | −0.08 | −0.55 | −0.17 | 1 | | | |
| 周五 | −0.12 | −0.59 | −0.21 | −0.04 | 1 | | |
| 周六 | −2.10★★★ | −2.57★★★ | −2.19★★★ | −2.02★★★ | −1.98★★★ | 1 | |
| 周日 | −0.074 | −1.22 | −0.84 | −0.67 | −0.62 | 10.36★★ | 1 |

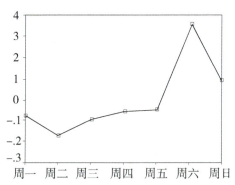

图 3-4-1　日常自主的周变化曲线（标准化后）

分别对星期与性别、星期与年级进行自主的单因素方差分析（见表 3-4-4），结果发现星期和性别对自主水平有主效应，但性别与星期交互效应不显著。男生和女生相比较，男生的自主水平明显高于女生（见图 3-4-2），性别差异达到显著（F=39.439，p ＜ 0.001）；年级对自主水平无主效应。

表 3-4-4　日常自主的性别差异与年级差异

|  | N |  | 周一 | 周二 | 周三 | 周四 | 周五 | 周六 | 周日 |
|---|---|---|---|---|---|---|---|---|---|
| 男 | 45 | M | 3.05 | 2.92 | 3.57 | 3.21 | 4.16 | 4.88 | 4.58 |
|  |  | SD | 8.723 | 9.037 | 8.463 | 8.761 | 8.537 | 8.156 | 8.469 |
| 女 | 63 | M | 1.92 | 1.33 | 1.50 | 1.95 | 1.38 | 4.22 | 2.27 |
|  |  | SD | 9.438 | 9.270 | 9.531 | 9.539 | 9.838 | 9.239 | 9.542 |
| F |  |  | 39.439★★★ |  |  |  |  |  |  |
| 本科生 | 52 | M | 2.090 | 1.717 | 2.880 | 3.135 | 3.333 | 4.761 | 3.298 |
|  |  | SD | 5.746 | 6.117 | 5.506 | 5.747 | 5.701 | 6.210 | 5.795 |
| 研究生 | 56 | M | 2.859 | 2.204 | 2.025 | 1.988 | 2.548 | 4.680 | 3.214 |
|  |  | SD | 5.158 | 5.926 | 6.591 | 5.678 | 5.769 | 5.445 | 6.573 |
| F |  |  | 0.030 |  |  |  |  |  |  |

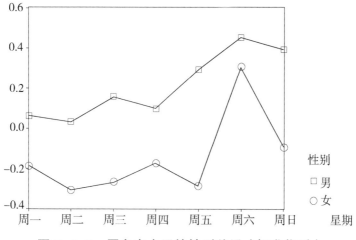

图 3-4-2　周自主水平的性别差异（标准化后）

### 3.1.2　日常关系的变化特点

一个被试者两周的活动记录可获得 3×2×7=42 条亲密程度记录，周关系水平是按两周内相同星期的活动亲密程度相加后取平均值获得，而 108 个被试者累积（aggregate）后的平均值即为大学生日常关系水平（见表 3-4-5）；数值越大代表亲密程度越高，人际关系水平也越好。从表 4-1-5 中可见，一周内，大学生的关系水平变化不明显，单因素方差分析组间差异未达到显著水平（F=1.151，p ＞ 0.05）。进行事后周内平均值比较（见图 3-4-3），方差其次性,采用 LSD 检验,发现周二的亲密程度虽然低于一周内其他时间,但是差异没有达到显著水平。

表 3-4-5　日常关系的周平均值和标准差

| | 周一 | 周二 | 周三 | 周四 | 周五 | 周六 | 周日 |
|---|---|---|---|---|---|---|---|
| M | 5.36 | 5.32 | 5.42 | 5.45 | 5.45 | 5.42 | 5.44 |
| SD | 1.152 | 1.212 | 1.205 | 1.183 | 1.216 | 1.225 | 1.228 |
| F | | | | 1.151 | | | |

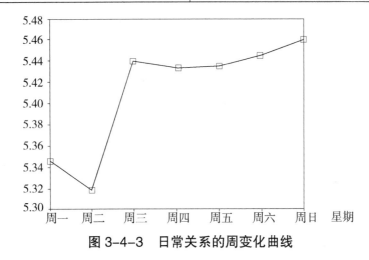

图 3-4-3　日常关系的周变化曲线

### 3.1.3　日常幸福感的周变化特点

从表 3-4-6 中可以看出,大学生一周内幸福感有波动,但是组间差异没有达到显著水平($F=1.692$,$p > 0.05$)。进行事后周内平均值比较(见图 3-4-4),方差其次性,采用 LSD 检验,

发现周三的幸福感与周日、周六的幸福感差异显著($p < 0.05$),周三幸福感明显低于周六、周日;而一周内周三的幸福感最低。

由于日常幸福感是有日积极情感、日消极情感、日精神状态和日身体症状整合而成,因此依次考察了日积极情感、日消极情感、日精神状态和日身体症状的周变化特点(见表 3-4-6)。结果发现积极情感一周有变化,周二积极情感低于其他时间,与周六、周日的差异达到显著($p < 0.05$),但是组间差异没有达到显著水平($F=1.386$,$p > 0.05$);

消极情感一周有变化，周三的负性情绪高于其他时间，与周日的差异达到显著（p < 0.05），但是组间差异没有达到显著水平（F=1.170，p > 0.05）。精神状态一周有微弱变化，组间差异没有达到显著水平（F=0.747，p > 0.05）；身体症状一周有微弱变化，组间差异没有达到显著水平（F=0.972，p > 0.05）。

表 3-4-6　日常幸福感的周平均值和标准差

| | | 周一 | 周二 | 周三 | 周四 | 周五 | 周六 | 周日 |
|---|---|---|---|---|---|---|---|---|
| 幸福感 | M | −.160 | −.182 | −.301 | .138 | −.099 | .301 | .304 |
| | SD | 2.639 | 2.753 | 2.981 | 2.778 | 2.846 | 2.634 | 2.772 |
| F | | | | | 1.692 | | | |
| 积极情感 | M | 17.20 | 16.77 | 17.18 | 17.74 | 17.38 | 18.03 | 17.83 |
| | SD | 4.968 | 5.713 | 17.20 | 5.696 | 5.606 | 5.572 | 5.555 |
| | | | | | 1386 | | | |
| 消极情感 | M | 10.441 | 10.541 | 10.718 | 10.071 | 10.380 | 9.918 | 9.586 |
| | SD | 5.556 | 5.452 | 5.785 | 4.757 | 5.570 | 5.319 | 5.123 |
| F | | | | | 1.170 | | | |
| 精神状况 | M | 31.135 | 30.864 | 30.971 | 31.701 | 30.898 | 32.026 | 31.671 |
| | SD | 7.708 | 8.0845 | 7.905 | 7.990 | 8.158 | 7.672 | 8.057 |
| F | | | | | 0.747 | | | |
| 身体症状 | M | 14.222 | 13.606 | 14.597 | 13.883 | 13.958 | 13.644 | 13.519 |
| | SD | 5.641 | 5.386 | 6.722 | 5.777 | 5.672 | 5.222 | 5.591 |
| F | | | | | 0.972 | | | |

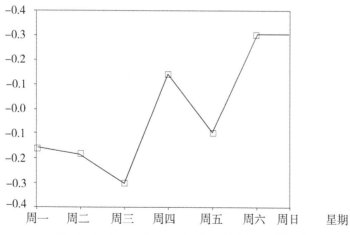

图 3-4-4　日常幸福感的周变化（标准分数）

## 3.2 日常自主、日常关系和日常主观幸福感的关系

### 3.2.1 日常自主、日常关系和日主观幸福感的相关分析

表 3-4-7 显示日常自主与日常关系、日常精神状况、日常幸福感显著正相关（p < 0.05），与日常消极情感、日常日身体症状显著负相关（p < 0.05），与日积极情感相关不显著；日常关系与日常积极情感、日常精神状况和日常幸福感显著正相关（p < 0.05），与日常消极情感显著负相关（p < 0.05），与日常身体症状几乎无关。日常幸福感与积极情感和精神状况显著正相关（p < 0.05），与消极情感、身体症状显著负相关（p < 0.05）。日常自主、日常关系和日常幸福感间的相关为中介分提供了条件。

表 3-4-7 日常自主、日常关系与日常幸福感的相关

| | 1 | 2 | 3 | 4 | 5 | 6 | 7 |
|---|---|---|---|---|---|---|---|
| 日常自主 | 1 | | | | | | |
| 日常关系 | 0.289** | 1 | | | | | |
| 日常积极情感 | 0.160 | 0.473** | 1 | | | | |
| 日常消极情感 | −0.199* | −0.253** | −0.231* | 1 | | | |
| 日常精神状况 | 0.257** | 0.490** | 0.840** | −0.264** | 1 | | |
| 日常身体症状 | −0.196* | 0.025 | −0.034 | 0.230* | −0.285** | 1 | |
| 日常幸福感 | 0.291** | 0.428** | 0.764** | −0.590** | 0.870** | −.561** | 1 |

### 3.2.2 日常自主对日常幸福感的预测作用

采用 Enter 分层回归，先控制性别和年级对日常幸福感的影响，然后在第二层考察日常自主对日常积极情感、日常消极情感、日常精神状况、日常身体症状和日常幸福感的预测作用。结果发现，日常自主对日积极情感和日身体症状无预测作用，对日精神状况、日常幸福感有正向预测作用，解释率为 5.2%，6.8%；对日消极情感有负向预测作用，解释率为 5.1%（见表 3-4-8）。

表 3-4-8 日常自主对日常幸福感的预测作用

| 结果变量 | 积极情感 | | 消极情感 | | 精神状况 | | 身体状况 | | 日常幸福感 | |
|---|---|---|---|---|---|---|---|---|---|---|
| | $\Delta R^2$ | β | $\Delta R^2$ | β | $\Delta R^2$ | β | $\Delta R^2$ | β | $\Delta R^2$ | β |
| 第1步 | 0.030 | | 0.069 | | .032 | | 0.131 | | 0.031 | |
| 性别 | | −.068 | | −0.144 | | −0.176 | | .338*** | | −0.169 |
| 年级 | | −0.153 | | −0.211* | | −0.029 | | −0.153 | | 0.058 |
| 第2步 | 0.024 | | 0.051 | | 0.052 | | 0.015 | | .068 | |
| 日常自主 | | 0.159 | | −0.231** | | 0.232*** | | −0.127 | | 0.266** |

### 3.2.3　日常关系在日常自主与日常幸福感间的中介作用

采用回归分析考察日常关系在题自主预测网络交往中的中介效应（见图3-4-5）。由表3-4-7可知，日常自主、日常关系和日常幸福感相关显著，这满足了中介变量检验的前提。由表3-4-8可知，日常自主预测日常幸福感的直接作用是显著的，接下来考察加入中介变量日常关系之后的变化情况。

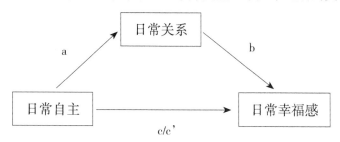

**图 3-4-5　日常关系在日常自主与日常幸福感间的中介路径**

由表3-4-9可知，以日常自主为预测变量，以日常幸福感为因变量（第一步），进行回归分析，得出 β 值非常显著（p < 0.01），即中介效应检验程序中的回归系数 c 显著；以日常自主为预测变量，以日常关系为因变量（第二步），进行回归分析，得出 β 值非常显著，表明回归系数 a 显著；以日常自主、日常关系为预测变量，以日常幸福感为因变量，采用逐步回归法，得出自变量对因变量的回归系数 c' 显著，说明日常关系在日常自主和日常幸福感之间的部分中介作用显著。日常自主可以直接预测日常幸福感，也可以通过影响日常关系间接影响日常幸福感，日常关系在日常自主和日常幸福感间起着部分中介作用。日常关系的中介效应在总效应中的比例为 $0.289 \times 0.375/0.291=0.372$，占总效应的 37.2%

**表 3-4-9　日常关系在日常自主和日常幸福感间的中介检验**

| 步骤 | 标准化回归方程 | 回归系数检验 | |
|---|---|---|---|
| 第一步 | Y= 0.291X | SE=0.058 | t=3.134★★ |
| 第二步 | W= 0.289X | SE=0.018 | t=3.109★★ |
| 第三步 | Y= 0.183X+0.375W | X: SE=0.056 | t=2.022★ |
| | | W: SE=0.290 | t=4.147★★★ |

注：SE 为标准误，X= 日常自主，W= 日常关系，Y= 日常幸福感。

# 4    小结

（1）在一周内大学生的日常自主 RAI 水平在 1.94 ～ 4.51 之间波动，日常活动受自主性动机支配，周末 RAI 达到最高，呈现明显的周末效应。男生的周 RAI 水平高于女生，性别差异达到显著。说明大学生日常活动中自主占主导，男生的自主水平高于女生；自主水平 RAI 是动态的，随着每周的活动发生起伏变化明显；周末大学生的自主水平 RAI 达到高峰，呈现出周末效应。

（2）一周内大学生的日常关系和日常幸福感虽有波动，但周内差异不显著。

（3）日常自主、日常关系对日常幸福感有正向预测作用，而且日常自主还可以通过日常关系影响日常幸福感。即日常关系在日常自主与日常幸福感间有中介作用。说明大学生的日常生活中自主和人际依赖都影响着幸福感，自主还可以通过人际依赖间接影响幸福感。

# 研究五　成年初期自主的发展特点

# 1    研究目的

Arnett（2000）将 18 ～ 25 岁作为一个特殊的阶段——成年早期或步入成年期（emerging adult）来研究，这个时期个体已经离开青春期，还没有进入完全承担责任的成人世界，面临着三大发展任务：爱、经济和世界观，在人口统计学、主体性和同一性探索方面，这一时期都有很突出的过渡性。但是国内外有关自主的研究焦点集中在 18 岁前，较少关注成年初期；中国台湾地区学者和国内学者已经开始探讨大学生的自立或自主的发展（林美珍、邱文彬，1999；姚丹，2007；夏凌翔、黄希庭，& 王登峰，2008；韦炜，2008），但没有突出这一阶段发展的过渡性。Cohen，等人（2003）认为对成年初期过渡性发展的研究有助于对分离、个体化和自主过程影响的理解。因此，本研究将在探讨成年初期自主的年龄和性别差异基础上，增加社会发展过渡性的研究。Modell, Furstenberg & Hershberg（1976）利用人口普查数据和历史档案研究提出了五个向成年期过渡的社会指标：离开学校、进入劳动力市场、离开家庭、第一次婚姻和获得有自己的住房。这个指标显然不符合我国大学生的实情。本研究根据 Cohen 等人（2003）对过渡性发展的研究，结合我国大学生现阶段的特点，将社会性成熟做出适当调整，将"离开家庭独立居住"调整为"离家住校时间"，将"工作经历"调整为"有无固定兼职"，将"结婚为人父母"调整为"恋爱经历"，每种情况分组代表着由向成年过渡的社会成熟水平。

本研究考察成年初期大学生自主的一般特点，以及在成年初期自主组总分及各维度上的年龄、性别和是否独生子女的差异。同时也考察成年初期大学生自主与社会成熟三个方面（离家住校时间、恋爱经历和工作经历）是否一致。

## 2 研究方法

### 2.1 研究对象

选取三所大学，分别是省重点大学、二本院校和独立院校，分层随机抽取被试者1250人，回收有效问卷1151份，筛除部分无效问卷，有效问卷为1103份，有效率为88.4%。被试者年级从大一到研究生一年级，年龄在18～25岁，平均年龄21±2.3。

这批问卷同时进行自主的相关研究，所以一分为二，其中问卷 A650 份，由成年初期自主问卷、人际依赖大学生修订版和自我同一性量表组成；问卷 B700 份，由成年初期自主问卷、人际依赖大学生修订版和主观幸福感、学校适应量表组成。问卷 B 题量相对较少，在问卷 B 中增加了有关成年初期的信息调查，如离家住校时间、恋爱情况、工作经历等。

## 2.2 研究工具

自编成年初期自主问卷

## 2.3 数据处理

采用 SPSS11.5 录入数据，进行描述统计及多元方差分析。

# 3 结果与分析

## 3.1 成年初期自主的一般特征

### 3.1.1 被试者的人口学信息

1103 名被试者在年龄分布不均匀，其中 19 ～ 22 岁被试者数量偏多，是 18 岁、25 岁被试者数量的 2 ～ 3 倍。为了减少误差，按照以下原则删除部分被试者：年龄在 19 ～ 22 岁，成年初期自主问卷 20 题中缺失值超过 3 个，专业是理工科。最后获得 941 个有效数据，被试者人口信息见表 3-5-1。

比较 941 名大学生在自主各维度上和总分上的平均分和标准差（见表 3-5-2），结果发现，被试者在自主总分的平均值为 103.34，在各维度上的得分依次为自我主张（M=39.13）、自我依靠（M=31.52）、自我控制（M=19.63）、自我决断（M=13.05）。

### 3.1.2 成年初期自主的一般人口学差异

表 3-5-1 被试者人口学资料

| 属性 | 类别 | 总计 | % |
|---|---|---|---|
| 性别 | 男生 | 439 | 46.7 |
| | 女生 | 486 | 51.6 |
| | 缺失值 | 16 | 1.7 |
| 年龄 | 18 岁 | 66 | 7.0 |
| | 19 岁 | 132 | 14.0 |
| | 20 岁 | 154 | 16.4 |
| | 21 岁 | 154 | 16.4 |
| | 22 岁 | 124 | 13.2 |
| | 23 岁 | 122 | 13.0 |

**续表**

| 属性 | 类别 | 总计 | % |
|---|---|---|---|
| 年龄 | 24 岁 | 102 | 10.8 |
| | 25 岁 | 87 | 9.2 |
| 专业 | 文科 | 309 | 32.8 |
| | 理科 | 345 | 36.7 |
| | 工科 | 270 | 28.7 |
| | 缺失值 | 17 | 1.8 |
| 是否独生 | 是 | 296 | 31.5 |
| | 否 | 607 | 64.5 |
| | 缺失值 | 38 | 4.0 |
| 来源 | 城镇 | 433 | 46.0 |
| | 农村 | 492 | 52.3 |
| | 缺失值 | 16 | 1.7 |
| 民族 | 汉 | 821 | 87.2 |
| | 少数民族 | 105 | 11.2 |
| | 缺失值 | 15 | 1.6 |

**表 3-5-2 成年初期自主各维度的平均值和标准差（N=941）**

| 自我主张 | 自我依靠 | 自我控制 | 自我决断 | 自主总分 |
|---|---|---|---|---|
| M ± SD | M ± SD | M ± SD | M ± SD | M ± SD |
| 39.13 ± 5.114 | 31.52 ± 4.650 | 19.63 ± 4.204 | 13.05 ± 3.433 | 103.34 ± 12.893 |

### 3.1.3 年龄差异检验

不同年龄在成年初期自主总分及各维度上的平均分和标准差见表 3-5-3。采用 ANOVA 进行单因素方差分析，发现大学生在自主总分（$F=3.863$，$p < 0.001$），以及自我主张（$F=4.261$，$p < 0.001$、自我控制（$F=4.547$，$p < 0.001$）、自我决断（$F=2.301$，$p < 0.05$）上年龄差异达到显著。总体的趋势是自我主张、自我主张、自我控制、自我决断及自主总分随着年龄的增长而增长，但是在 23 岁达到顶峰，24 岁后缓慢下降；自我决断随着年龄成"W"发展，20 岁和 24 岁是两个低谷（见表 3-5-3 和图 3-5-1）。

表 3-5-3　成年初期自主总分及各维度的年龄差异

|  | 自我主张 | 自我依靠 | 自我控制 | 自我决断 | 自主总分 |
|---|---|---|---|---|---|
|  | M ± SD | M ± SD | M ± SD | M ± SD | M ± SD |
| 18 | 36.86 ± 6.903 | 30.12 ± 5.573 | 18.21 ± 4.377 | 13.47 ± 3.856 | 98.67 ± 16.536 |
| 19 | 38.44 ± 4.775 | 31.17 ± 4.551 | 19.27 ± 4.307 | 12.73 ± 3.422 | 101.61 ± 12.466 |
| 20 | 38.94 ± 3.863 | 31.46 ± 4.063 | 18.86 ± 4.015 | 12.45 ± 3.260 | 101.7 ± 19.451 |
| 21 | 39.05 ± 4.427 | 31.86 ± 3.835 | 19.19 ± 4.111 | 13.10 ± 3.401 | 103.19 ± 11.195 |
| 22 | 39.15 ± 5.975 | 31.54 ± 4.964 | 20.00 ± 4.275 | 13.57 ± 3.393 | 104.26 ± 14.667 |
| 23 | 40.72 ± 4.557 | 32.40 ± 4.312 | 20.73 ± 3.902 | 13.28 ± 3.422 | 107.13 ± 11.801 |
| 24 | 39.52 ± 5.812 | 31.85 ± 5.454 | 20.41 ± 3.986 | 12.56 ± 3.332 | 104.34 ± 14.264 |
| 25 | 39.70 ± 4.993 | 30.99 ± 5.105 | 20.39 ± 4.368 | 13.75 ± 3.478 | 104.83 ± 14.066 |
| F | 4.261[***] | 1.959 | 4.547[***] | 2.301[*] | 3.863[***] |

进一步事后多重比较（Post Hoc Tests，LSD），结果见表 3-5-4 ～表 3-5-8。Levene 方差齐性检验发现自我主张（F=6.405，p ＜ 0.001）、自我依靠（F=2.985，p ＜ 0.001）和自主总分上（F=5.005，p ＜ 0.001），方差非齐次；自我控制（F=0.302，p ＞ 0.05）和自我决断（F=0.373，p ＞ 0.05）方差齐次。因此，前三者采用 Tamhane's T2 检验，后两者采用 LSD 检验。结果发现：①23 岁在自我主张上与高于 18 岁，19 岁和 20 岁，差异达到显著；②自我依靠在不同年龄之间的差异没有达到显著；③23 岁、24 岁在自我控制上高于 18 岁，19 岁、20 岁和 21 岁，22 岁、25 岁在自我控制上高于 18 岁、20 岁，差异达到显著；④20 岁在自我决断上低于 18 岁，22 岁、25 岁在自我决断上高于 20 岁，24 岁在自我决断上低于 22 岁，但高于 25 岁，差异达到显著；⑤23 岁在自主总分上高于 18 岁，19 岁和 20 岁，差异达到显著。

表 3-5-4　自我主张在成年初期各年龄上的多重比较

|  | 18 | 19 | 20 | 21 | 22 | 23 | 24 | 25 |
|---|---|---|---|---|---|---|---|---|
| 18 | 0 |  |  |  |  |  |  |  |
| 19 | −1.58 | 0 |  |  |  |  |  |  |
| 20 | −2.07 | −0.50 | 0 |  |  |  |  |  |
| 21 | −2.18 | −0.61 | −0.11 | 0 |  |  |  |  |
| 22 | −2.28 | −0.71 | −0.21 | −0.10 | 0 |  |  |  |
| 23 | −3.86[**] | −2.28[**] | −1.79[*] | −1.68 | −1.58 | 0 |  |  |
| 24 | −2.66 | −1.08 | −.58 | −0.47 | −0.37 | 1.20 | 0 |  |
| 25 | −2.84 | −1.26 | −.77 | −0.66 | −0.56 | 1.02 | −0.18 | 0 |

注：采用 Tamhane's T₂ 检验。表中各数值表示相应年龄得分的差值，为列减行的分值。如 18、19 对应的 −1.58 表示 18 岁得分低于 19 岁 1.58 分。

表 3-5-5　自我依靠在成年初期各年龄上的多重比较

|  | 18 | 19 | 20 | 21 | 22 | 23 | 24 | 25 |
|---|---|---|---|---|---|---|---|---|
| 18 | 0 |  |  |  |  |  |  |  |
| 19 | −1.05 | 0 |  |  |  |  |  |  |
| 20 | −1.34 | −0.29 | 0 |  |  |  |  |  |
| 21 | −1.74 | −0.69 | −0.40 | 0 |  |  |  |  |
| 22 | −1.42 | −0.37 | −0.08 | 0.32 | 0 |  |  |  |
| 23 | −2.28 | −1.23 | −0.94 | −0.54 | −0.86 | 0 |  |  |
| 24 | −1.73 | −0.68 | −0.39 | 0.01 | −0.31 | 0.55 | 0 |  |
| 25 | −0.87 | 0.19 | 0.47 | 0.88 | 0.55 | 1.41 | 0.86 | 0 |

注：采用 Tamhane's $T_2$ 检验

表 3-5-6　自我控制在成年初期各年龄上的多重比较

|  | 18 | 19 | 20 | 21 | 22 | 23 | 24 | 25 |
|---|---|---|---|---|---|---|---|---|
| 18 | 0 |  |  |  |  |  |  |  |
| 19 | −1.06 | 0 |  |  |  |  |  |  |
| 20 | −0.66 | 0.40 | 0 |  |  |  |  |  |
| 21 | −0.99 | 0.07 | −0.34 | 0 |  |  |  |  |
| 22 | −1.83** | −0.77 | −1.17* | −0.83 | 0 |  |  |  |
| 23 | −2.51*** | −1.45** | −1.85*** | −1.52** | −0.68 | 0 |  |  |
| 24 | −2.19*** | −1.13* | −1.53** | −1.20* | −0.36 | 0.32 | 0 |  |
| 25 | −2.11** | −1.05 | −1.45* | −1.11 | −0.28 | 0.40 | 0.08 | 0 |

注：采用方差齐次 LSD 检验

表 3-5-7 自我决断在成年初期各年龄上的多重比较

|  | 18 | 19 | 20 | 21 | 22 | 23 | 24 | 25 |
|---|---|---|---|---|---|---|---|---|
| 18 | 0 |  |  |  |  |  |  |  |
| 19 | 0.76 | 0 |  |  |  |  |  |  |
| 20 | 1.03* | 0.27 | 0 |  |  |  |  |  |
| 21 | 0.42 | −0.34 | −0.61 | 0 |  |  |  |  |
| 22 | −0.01 | −0.77 | −1.04* | −0.42 | 0 |  |  |  |
| 23 | 0.17 | −0.59 | −0.86* | −0.25 | 0.18 | 0 |  |  |
| 24 | 0.93 | 0.17 | −0.10 | 0.52 | 0.94* | 0.76 | 0 |  |
| 25 | −0.27 | −1.03* | −1.30** | −0.69 | −0.26 | −0.44 | −1.20* | 0 |

注：采用 LSD 检验

表 3-5-8　成年初期自主总分各年龄上的多重比较

|  | 18 | 19 | 20 | 21 | 22 | 23 | 24 | 25 |
|---|---|---|---|---|---|---|---|---|
| 18 | 0 |  |  |  |  |  |  |  |
| 19 | −2.95 | 0 |  |  |  |  |  |  |
| 20 | −3.04 | −0.09 | 0 |  |  |  |  |  |
| 21 | −4.53 | −1.58 | −1.49 | 0 |  |  |  |  |
| 22 | −5.59 | −2.64 | −2.55 | −1.06 | 0 |  |  |  |

续表

| | 18 | 19 | 20 | 21 | 22 | 23 | 24 | 25 |
|---|---|---|---|---|---|---|---|---|
| 23 | −8.46** | −5.52** | −5.42** | −3.94 | −2.87 | 0 | | |
| 24 | −5.68 | −2.73 | −2.64 | −1.15 | −.09 | 2.79 | 0 | |
| 25 | −6.16 | −3.21 | −3.12 | −1.63 | −0.57 | 2.30 | −0.48 | 0 |

注：采用 Tamhane's $T_2$ 检验

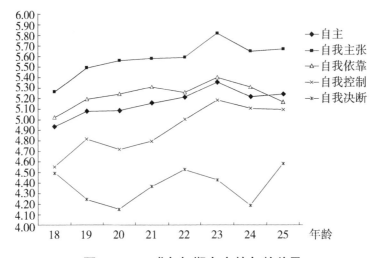

图 3-5-1 成年初期自主的年龄差异

### 3.1.4 性别、是否独生子女差异检验

考察成年初期自主各维度及总分上的群体类型差异，分别以自主各维度和总分为因变量，进行 2（性别）×2（是否独生）的多因素方差分析，结果表明，性别在自我依靠（F=8.336，p < 0.01）和自我决断（F=11.605，p < 0.01）存在显著主效应；是否独生子女在自我主张（F=9.423，p < 0.01）、自我控制（F=24.810，p < 0.001）和自主总分（F=11.884，p < 0.01）上存在显著主效应。多元方差分析四种检验表明性别和是否独生子女存在中显著双向交互作用，但是在方差分析中自主各维度及总分上的上双向交互作用均没有达到显著。

进一步对成年初期各维度和总分的性别差异和是否独生进行独立样本 T 检验，发现除了自我控制上男生得分低于女生外，男生在自主的其他维度及总分均高于女生，其中在自我依靠（t=2.501，p < 0.05）、自我决断（t=4.014，p < 0.001）和自主总分（t=1.977，p < 0.05）上性别差异达到显著。非独生

子女在自主各维度及总分上均高于独生子女，其中在自我主张（t=2.632，p < 0.05）、自我控制（t=4.818，p < 0.05）、和自主总分（t=3.494，p < 0.05）上，差异达到显著（见表 3-5-9）。

**表 3-5-9  成年初期自主各维度的性别、是否独生差异**

|  | 自我主张 | 自我依靠 | 自我控制 | 自我决断 | 自主总分 |
|---|---|---|---|---|---|
|  | M±SD | M±SD | M±SD | M±SD | M±SD |
| 男 | 39.35±5.330 | 31.94±4.706 | 19.43±4.354 | 13.50±3.408 | 104.22±13.386 |
| 女 | 38.98±4.764 | 31.18±4.525 | 19.80±4.071 | 12.60±3.391 | 102.56±12.164 |
| t | 1.112 | 2.501[*] | −1.320 | 4.014[***] | 1.977[*] |
|  |  |  |  |  |  |
| 是 | 38.55±.5.435 | 31.39±4.703 | 18.71±4.369 | 12.70±3.444 | 101.35±13.391 |
| 否 | 39.60±4.645 | 31.67±4.547 | 20.13±4.008 | 13.20±3.425 | 104.60±12.196 |
| t | −.2.632[**] | −0.937 | −4.818[***] | −1.832 | −3.494[***] |

## 3.2  社会成熟与自主水平一致性检验

根据问卷 B 回收有效问卷 581 份，被试者年龄在 18 ～ 25 岁，其中男生 287 人，女生 277 人，详细人口学信息见表 3-6-12。

### 3.2.1  离家住校时间差异检验

将大学生累积住校时间作为离家居住时间的指标。根据中国大学生住校的特点和时间长短，删除缺失数据 25 个，将成年初期大学生离家住校划分为 6 个组，每组人数分布见表 3-5-10。采用 ANOVA 进行方差分析，结果发现成年初期自主总分及个维度并没有随离家住校时间长短而产生显著变化；尽管离家居住 4 ～ 5 年在自主的总分及除自我决断外的其他维度上得分高于其他离家住校组，但事后多重比较差异未达到显著。

**表 3-5-10  离家住校时间在成年初期自主总分及维度上的差异**

| 累积住校时间 | N | 自我主张 | 自我依靠 | 自我控制 | 自我决断 | 自主总分 |
|---|---|---|---|---|---|---|
|  |  | M±SD | M±SD | M±SD | M±SD | M±SD |
| 无 | 77 | 38.87±5.315 | 30.88±5.004 | 19.36±4.615 | 12.78±3.975 | 102.07±14.503 |
| 低于 1 年 | 53 | 37.56±5.926 | 30.83±4.835 | 18.77±4.647 | 12.69±4.003 | 100.44±15.977 |
| 1 ～ 3 年 | 73 | 38.60±5.683 | 31.04±4.643 | 18.74±4.702 | 13.33±3.529 | 101.99±14.241 |
| 4 ～ 5 年 | 126 | 38.89±5.598 | 31.76±5.095 | 19.92±3.952 | 13.30±3.454 | 103.89±13.333 |
| 6 ～ 9 年 | 150 | 38.61±6.390 | 31.53±5.665 | 19.59±3.907 | 12.87±4.915 | 102.72±15.188 |
| 10 年以上 | 77 | 38.09±6.909 | 31.32±5.487 | 19.73±4.409 | 13.16±3.255 | 102.42±16.346 |
| F |  | 0.490 | 0.460 | 1.068 | 0.390 | 0.437 |

### 3.2.2 恋爱状况差异检验

基于我国全日制大学生和研究生结婚现象并不普遍，因此删除 34 个缺失值后，将成年初期的大学婚恋状况分为四组：即已婚、同居和有性行为的划分为"有性经历"一组；根据其初次恋爱时间，将有恋爱经历的学生划分为"正常恋爱"组（初次恋爱在 18 岁及以上）和"早恋组"（初次恋爱小于 18 岁）；报告没有恋爱经历的大学生归为"无恋爱"组。四个组的人数分布见表 3-5-11。

采用 ANOVA 进行方差分析，结果发现不同程度的恋爱状况在自主总分及各维度上得分差异不显著，但是在事后的多重比较中发现正常恋爱组自我控制水平高于早恋组，差异达到显著；正常恋爱组的自我决断水平高于无恋爱组，差异达到显著（见表 3-5-11）。

**表 3-5-11　恋爱状况在成年初期自主总分及维度上的差异**

| 恋爱状况 | N | 自我主张 M±SD | 自我依靠 M±SD | 自我控制 M±SD | 自我决断 M±SD | 自主总分 M±SD |
|---|---|---|---|---|---|---|
| 无恋爱 | 275 | 38.63±5.842 | 31.27±4.893 | 19.44±4.304 | 12.70±4.420b | 102.28±14.691 |
| 正常恋爱 | 163 | 38.41±6.384 | 31.32±5.578 | 19.81±3.868c | 13.52±3.367a | 103.07±14.440 |
| 早恋 | 76 | 38.70±5.767 | 31.41±4.929 | 18.53±4.263b | 13.12±3.632 | 101.93±14.835 |
| 有性经历 | 33 | 38.31±6.408 | 32.44±6.460 | 19.27±4.584 | 13.73±3.253 | 103.39±16.512 |
| F | | 0.074 | 0.489 | 1.602 | 1.804 | 0.917 |

注：abcd 依次对应恋爱状况的四个组，表示与所在组平均值 LSD 检验，差异达到显著，$p < 0.05$。

### 3.2.3 有无兼职差异检验

鉴于中国全日制大学生有工作经历的人不多，因此删除 21 个缺失值后，将成年初期大学生按有无兼职分为以下三组：无兼职，偶有打工和有固定兼职，其中有个别大学生报告有工作经历，这里归入有固定兼职组。每组人数分布见表 3-5-12。

采用 ANOVA 进行方差分析，结果发现总体上偶有打工组在自主总分及各维度上得分最高，自我依靠上组间差异到显著（$F=4.550$，$p < 0.01$），在

自主总分上组间差异达到显著的临界水平（F=2.997，p=0.051）。进行事后多重比较，发现偶尔打工组在自我依靠和自主总分上均高于无兼职组，而且差异显著（如表3-5-12所示）。

表3-5-12　有无兼职在成年初期自主总分及维度上的差异

| 工作经历 | N | 自我主张 M±SD | 自我依靠 M±SD | 自我控制 M±SD | 自我决断 M±SD | 自主总分 M±SD |
|---|---|---|---|---|---|---|
| 无兼职 | 282 | 38.30±5.901 | 30.77±5.082b | 19.18±4.300 | 12.86±3.541 | 101.24±14.019 b |
| 偶有打工 | 241 | 38.98±5.593 | 32.10±4.837a | 19.83±4.159 | 13.23±4.390 | 104.35±14.304 a |
| 固定兼职 | 37 | 38.94±5.811 | 31.62±5.484 | 19.03±4.378 | 12.97±4.065 | 101.86±16.482 |
| F | | 0.948 | 4.550* | 1.666 | 0.546 | 2.997 |

注：abc依次对应工作经历的三个组，表示与所在组平均值差异LSD检验差异达到显著，p < 0.05。

# 4　小结

（1）采用成年初期自主问卷调查发现，自我主张、自我主张、自我控制、自我决断及自主总分上年龄差异显著；成年初期自主总体上随着年龄的增长而增长，在23岁达到自主水平的高峰。自我依靠、自我决断和自主总分的性别差异显著，除了自我控制外，成年初期男生自主水平总体高于女生；自我主张、自我控制和自主总分上在是否独生子女上差异显著，成年初期非独生子女自主水平总体高于独生子女。

（2）成年初期离家住校时间长短，恋爱状况对成年初期自主水平总体上无影响；有无兼职经历对成年初期的自我依靠和自主总分有显著影响，其中偶有打工经历的大学生自主水平高于没有兼职经历和有固定兼职经历的大学生。总体上，我国成年初期大学生的自主发展并没有表现出与过渡阶段社会成熟一致的特点。

## 研究六 自主的相关因素研究

青少年社会性发展有两大任务：人际的亲密关系和自主性的发展。青少年向成年过渡重要的任务是获得成熟的和健康的自主性，人际环境不仅在实现青少年相互依赖的目标中发挥着重要的作用，而且同时也为真实独立性机能提供了基础（Allen et al., 2002）。Ryan 和 Deci（2000）认为自主性的健康发展必有对自主性支持存在，人际依赖与自主性相反相成，而不是独立发挥作用。有研究者对西方青少年自主性的研究反思，指出积极的自主性不是与人的疏离而是人与人的相互依赖，有研究者甚至将相互依赖作为自主性发展的最后阶段，或作为自主性的特性之一。Noom，Dekovc 和 Meeus（1999）对 12～18 岁青少年的研究，发现自主性，人际依赖（亲子、同伴依赖，IPPA）对心理社会适应（社交能力，学业能力，自尊、问题行为和 抑郁心情有主效应，交互作用不显著；Collins 等人（1997）研究证实父母给予子女的温暖、指导和情感支持都与青少年自主性发展呈现正相关。但是，父母过多的卷入（亲子双方每天都对学校中的事情进行交流）则与青少年自主性及同一性的发展负相关（Deslandes，Potvin，& Leclerc，2000）本研究将用自编的成年初期自主量表、父母和同伴依赖问卷（IPPA）、自我同一性量表、主观幸福感和学校校适应问卷，探索处于成长过渡期的大学生自主对心理成熟、心理健康及学校适应的影响和作用机制。

# 1 人际依赖（IPPA）大学生版的修订

## 1.1 研究目的

依恋（或依赖，attachment）是指人与人之间建立起来的、双方互有的亲密感受及互相给予温暖和支持的关系。在人际依赖测量工具中，The Inventory of Parent and Peer Attachment （IPPA）是 Armsden 和 Greenberg（1987）编制的一个具有较高一致性的自评问卷，该问卷将青少年对父亲、母亲的依恋和对同伴的依赖分开测查，有很多研究者使用这个问卷进行了相关研究。中国台湾地区纪怡如（2002）、孙育智（2004）、吴明颖（2007）和国内梁凌寒、侯志瑾、田璐 （2006）都曾对 Armsden75 题的 IPPA 进行中文版本的修订，研究对象是 12 ～ 18 岁的青少年，而 Armsden 的研究对象是 16 ～ 21 岁的大学生，鉴于国内还没有针对大学生的中文版本，本研究将在已有的中文版进行再修订，以适用于成年初期 18 ～ 25 岁群体，为探索成年初期自主与自我同一性、主观幸福感、学校适应间的关系研究提供工具。

## 1.2  IPPA 大学生版修订过程

### 1.2.1  IPPA 简介

IPPA 是 Armsden 和 Greenberg（1987）根据 Bowlby 的依恋理论编制而成的，他们假设青少年对依恋对象的期望由正向或负向的"情感—认知"经验形成，当青少年有自信能够亲近依恋对象，而且确定依恋对象会回应自己，就会感受到的安全；当依恋对象没有回应或回应与期望不一致时，青少年感受到生气或疏离。Armsden 和 Greenberg 根据依恋对象不同，将 IPPA 分成三个子量表：母亲依恋、父亲依恋和同伴依恋，每个子量表 25 题。在因子分析中每个子量表获得三个因子沟通（communication）、信任（trust）和疏离（alienation）。三个因素的意义如下。

沟通：是指个体知觉到与依恋对象语言沟通的程度与品质；

信任：是指个体知觉到被依恋对象理解与尊重，以及彼此相互信任的程度；

疏离：是指个体会对依恋对象生气，以及知觉到与依恋对象情感分离、孤立的程度。

IPPA 的测量指标为：父母依恋分量表中"沟通""信任"和"疏离"三个因素的负荷介于 0.74 ～ 0.45 之间，而同伴依恋分量表"沟通""信任"和"疏离"等三个因素的负荷介于 0.74 ～ 0.45 之间；父母依恋分量表中"沟通""信任"

和"疏离"三个因素 Cronbach's α 系数分别为 0.91，0.91，0.86，同伴依恋分量表中"沟通""信任"和"疏离"三个因素 Cronbach's α 系数分别为 0.87，0.91，0.72；再测信度：父母依恋分量表再测信度为 0.93，同伴依恋分量表的再测信度为 0.86；效度：父母依恋分量表与《田纳西自我概念量表，TSCS》中家庭自我概念显著高相关（r=0.78，p < 0.001），与《家庭环境表（FES）》中的凝聚力分类表（r=0.56，p < 0.001），表达力（r=0.52，p < 0.001）而同伴依恋量表与 TSCS 中社会自我概念显著相关（r=0.57，p < 0.001）。

### 1.2.2 人际依赖（IPPA）大学生版的预测及结果

#### 1.2.2.1 预测问卷及形成

以中国台湾地区孙育智（2004）翻译的 IPPA 中文版为基础，结合其他三位修订者的翻译，比照 Armsden 的英文版本，确定了 75 个项目作为 IPPA 预测问卷。

#### 1.2.2.2 被试

在武汉某大学抽取 116 名在校本科生和研究生，年龄在 18 ～ 25 岁，平均 20 岁，其中男生 76 人，女生 38 人，缺失 2 人。

#### 1.2.2.3 数据处理

采用 SPSS11.5 录入数据，并进行探索性因素分析。

#### 1.2.2.4 探索性因素分析结果

预测研究的主要目的是对问卷进行项目分析。KMO 是用以比较变量间见到相关系数和偏相关系数的统计指标，取值范围在 0 至 1 之间。KMO 值越接近 1，表明变量越适合做因素分析。分别对 IPPA 的三个子量表母亲依赖、父亲依赖、同伴依赖进行探索性因素分析，采用主成分分析法，限定三个因素。结果显示 KMO 依次为 0.875，0.899，0.914，表明这三个子量表较适合做因素分析。

根据一般原则，选取因素负荷大于 0.4 的项目，删除因素负荷过小、具有较低双重负荷的项目及极个别与理论假设相左的项目，母亲依赖剩余 18 个项目，三因素总体解释力为 52.859%，Cronbach's α 系数为 0.859；父亲依赖剩余 20 个项目，三因素总体解释力为 56.996%，Cronbach's α 系数为 0.887；同伴依赖剩余 22 个项目，三因素总体解释力为 55.277%，Cronbach's α 系数为 0.921。母亲依赖、父亲依赖和同伴依赖三个分量表的因子负荷见表 3-6-1。三个因子可以依次命名为沟通、信任、疏离。

**表 3-6-1　人际依赖三个子量表的因子负荷**

| 母亲依赖 | | | | 父亲依赖 | | | | 同伴依赖 | | | |
|---|---|---|---|---|---|---|---|---|---|---|---|
| 题号 | 因子一 | 因子二 | 因子三 | 题号 | 因子一 | 因子二 | 因子三 | 题号 | 因子一 | 因子二 | 因子三 |
| I24 | 0.771 | | | I41 | 0.816 | | | I63 | 0.816 | | |
| I16 | 0.760 | | | I44 | 0.773 | | | I64 | 0.804 | | |
| I15 | 0.691 | | | I32 | 0.740 | | | I62 | 0.797 | | |
| I19 | 0.689 | | | I45 | 0.713 | | | I70 | 0.740 | | |
| I21 | 0.665 | | | I46 | 0.704 | | | I67 | 0.726 | | |
| I7 | 0.634 | | | I40 | 0.687 | | | I66 | 0.694 | | |
| I5 | 0.578 | | | I50 | 0.673 | | | I57 | 0.665 | | |
| I25 | 0.545 | | | I49 | 0.607 | | | I65 | 0.654 | | |
| I1 | | 0.821 | | I26 | | 0.818 | | I69 | 0.614 | | |
| I4 | | 0.713 | | I37 | | 0.750 | | I58 | 0.607 | | |
| I2 | | 0.702 | | I27 | | 0.742 | | I53 | 0.569 | | |
| I22 | | 0.664 | | I47 | | 0.721 | | I74 | | 0.732 | |
| I13 | | 0.539 | | I38 | | 0.658 | | I52 | | 0.730 | |
| I10 | | | 0.746 | I29 | | 0.652 | | I75 | | 0.673 | |
| I8 | | | 0.699 | I43 | | 0.446 | | I56 | | 0.606 | |
| I6 | | | 0.671 | I33 | | | 0.693 | I61 | | | 0.707 |
| I3 | | | 0.640 | I35 | | | 0.683 | I73 | | | 0.676 |
| I17 | | | 0.442 | I42 | | | 0.647 | I60 | | | 0.651 |
| | | | | I31 | | | 0.639 | I71 | | . | 0.583 |
| | | | | I28 | | | 0.543 | I54 | | | 0.579 |
| | | | | | | | | I68 | | | 0.522 |
| | | | | | | | | I55 | | | 0.441 |
| α | 0.856 | 0.795 | 0.686 | | 0.897 | 0.863 | 0.669 | | 0.921 | 0.807 | 0.727 |

### 1.2.3　正式施测及结果

#### 1.2.3.1　正式问卷

根据探索因素分析结果，将母亲依赖 18 题、父亲依赖 20 题、同伴依赖 22 题组合成 60 个项目的 IPPA（大学生版）的正式问卷。

#### 1.2.3.2　被试者

在武汉地区高校分层抽取 480 名大学生发放问卷，兼顾年级和文理科，集体施测，回收问卷 465 份，剔除无效问卷，有效问卷为 433 份，有效率为 90.2%。被试者的人口学资料见表 3-6-2。

**表 3-6-2　被试者人口学资料**

| | 性别 | | 年级 | | 年龄 | | | | | | | |
|---|---|---|---|---|---|---|---|---|---|---|---|---|
| | 男 | 女 | 本科生 | 研究生 | 18 | 19 | 20 | 21 | 22 | 23 | 24 | 25 |
| 人数 | 265 | 158 | 343 | 86 | 40 | 81 | 90 | 71 | 61 | 46 | 22 | 8 |
| % | 61.2 | 36.5 | 79.8% | 19.9 | 9.3 | 18.7 | 20.8 | 16.4 | 14.1 | 10.6 | 5.1 | 1.8 |
| 合计 | 423（缺10人） | 431（缺失1人） | 419（缺失14人） | | | | | | | | | |

#### 1.2.3.3　数据处理

采用 SPSS11.5 录入数据，采用 LISEREL8.7 进行验证性因素分析。

#### 1.2.3.4　验证性因素分析

利用 LISEREL8.7 进行验证性因素分析，检验 IPPA 大学生版的结构效度，表 3-6-3 中的结果表明，IPPA 大学生版三个子量表具有较好的结构效度。

**表 3-6-3　用最大概似法算出的人际依赖各子量表验证性因素分析结果**

| | $x^2$ | df | $x^2/df$ | RMSEA | GFI | NNFI | IFI | CFI | RFI |
|---|---|---|---|---|---|---|---|---|---|
| 母亲依赖 | 256.27 | 132 | 1.94 | 0.065 | 0.88 | 0.95 | 0.96 | 0.96 | 0.91 |
| 父亲依赖 | 386.31 | 167 | 2.31 | 0.073 | 0.85 | 0.95 | 0.96 | 0.95 | 0.92 |
| 同伴依赖 | 434.47 | 206 | 2.11 | 0.073 | 0.84 | 0.96 | 0.97 | 0.97 | 0.93 |

## 2　自主、人际依赖与自我同一性的相关研究

### 2.1　研究目的

成年初期是青年大学生心理逐渐走向成熟的过程，有研究分别探索了成人依恋或青少年自主发展对心理成熟的影响，但是却少有实证研究将两者结合起来探讨。根据 Collins 和 Steinberg（2006/2009）自主发展的人际背景理论，本研究以自我同一性作为心理成熟的指标，探讨成年初期自主、人际依赖对心理成熟作用机制。

研究假设自主、人际依赖对成年初期大学生自我同一性有预测作用，人际依赖在自主与自我同一性间有中介作用。

## 2.2 研究方法

### 2.2.1 研究对象

选取三所大学，分别是省重点大学、二本院校和独立院校，分层随机抽取被试者600人，回收问卷A 546份，回收率为91%，筛除部分无效问卷，最终获得502个有效被试者，有效率为83.7%。被试者的情况见表3-6-4。

表 3-6-4　被试者人口学信息

| | 性别 | | 年龄 | | | | | | | |
|---|---|---|---|---|---|---|---|---|---|---|
| | 男 | 女 | 18 | 19 | 20 | 21 | 22 | 23 | 24 | 25 |
| 人数 | 224 | 278 | 23 | 71 | 89 | 75 | 49 | 68 | 73 | 54 |
| % | 44.6 | 55.4 | 4.6 | 14.1 | 17.7 | 14.9 | 9.8 | 13.5 | 14.5 | 10.8 |
| 合计 | 502 | | 502 | | | | | | | |

### 2.2.2 研究工具

自主：自编成年初期自主问卷。

人际依赖：修订后的 IPPA 大学生版。

自我同一性：采用"大学生自我同一性量表"作为心理成熟指标。郭金山和车文博（2004）修订了加拿大 Guelph 大学 Adams 教授编制的自我同一性状态客观测量的标准化量表（EOM-ELS-2），该量表采用6点量表计分，1代表非常赞同，6代表非常不赞同。量表共计64道题目，包含8个内容领域，其中4个意识形态领域为政治观点、宗教信仰、职业和人生观；4个人际关系领域为友谊、交往、性别角色和娱乐活动。因此，该量表有4个分量表：成就型同一性状态量表（ACH）、延缓型同一性状态量表（MOR）、排他型同一性状态量表（FOR）和弥散型同一性状态量表（DIF），各分量表的 Cronbach's α 系数分别为 0.77，0.79，0.86，0.76。每一个分量表又有两个子量表，共同构成了8个子量表，即意识形态领域上的成就型（IDACH）、延缓型（IDMOR）、排他型（IDFOR）和弥散型（IDDIF）同一性状态量表；人际关系领域上的成就型（INACH）、延缓型（INMOR）、排他型（INFOR）

和弥散型（INDIF）同一性状态量表，每一子量表各 8 道题目，各子量表的 Cronbach's α 系数为 0.63 ～ 0.77。

### 2.2.3　数据处理

本研究数据统计和分析主要由 SPSS11.5 进行。主要进行相关分析、方差分析及回归分析，并采用 AMOS17.0 进行路径分析。

## 2.3　结果与分析

### 2.3.1 人际依赖和自我同一性的特点

参与本次调查的 502 名成年初期大学生在人际依赖和自我同一性各分量表得分的平均数和标准差见表 3-6-5。人际依赖三个分量表母亲依赖、父亲依赖和同伴依赖的平均数依次为 67.50，70.04，82.05；自我同一性四个分量表成就型、延缓型、排他型、弥散型的平均数依次为 63.79，59.39，46.85，52.28。

**表 3-6-5　人际依赖、自我同一性各分量表的平均数和标准差**

|  | 人际依赖 IPPA | | | 自我同一性 EMO | | | |
|---|---|---|---|---|---|---|---|
|  | 母亲依赖 | 父亲依赖 | 同伴依赖 | 成就型 | 延缓型 | 排他型 | 弥散型 |
| M | 67.50 | 70.04 | 82.05 | 63.79 | 59.39 | 46.85 | 52.28 |
| SD | 11.05 | 12.43 | 12.11 | 10.29 | 10.19 | 11.87 | 10.91 |

### 2.3.2 人际依赖和自我同一性的性别、年龄差异

分别以人际依赖和自我同一性的各分量表均分为因变量，性别、年级为自变量做多元方差分析（MANOVA），结果发现，成年初期大学生在人际依赖中仅同伴依赖的性别主效应显著（F=7.098，$p < 0.01$），母亲依赖的年龄主效应显著（F=2.026，$p < 0.01$），其他维度的性别和年龄主效应不显著，性别和年龄交互作用不显著。成年初期大学生自我同一性中成就型的性别主效应（F= 5.521，$p < 0.05$）和年龄主效应（F=4.475，$p<0.001$）均显著；排他型的年龄主效应显著（F=3.773，$p<0.001$），其他维度的年龄和性别效应均不显著，性别与年龄的交互效应也不显著。

进一步对人际依赖在性别和年级上的平均数差异检验（ANOVA），结果见表 3-6-3。成年初期女大学生在母亲依赖和同伴依赖分量表上得分均高于

男生，但仅同伴依赖性别差异达到显著（F=15.210，p< 0.001）；女生在父亲依赖上的得分低于男生，但差异没有达到显著。不同年龄大学生在人际依赖各分量表上的没有随年龄上升的趋势，其中母亲依赖年龄差异达到显著（F=2.250，p < 0.05）；因为方差非齐次，采用Tamhane检验不同年龄之间的平均数差异，发现21岁在母亲依赖上的得分低于23岁、24岁，而且差异达到显著（p < 0.05）；同伴依赖年龄差异没有达到显著，但是21岁得分最低，与22岁、24岁的差异达到显著（p < 0.05）。

同样，采用ANOVA对成年初期大学生的自我同一性进行性别和年龄平均数差异检验，结果见表3-6-6。成年初期女大学生在自我同一性各分量表上的得分均高于男生，但只有成就型的性别差异达到显著（F=4.468，p<0.05）。而成就型和排他型有随年龄上升的趋势，年龄差异达到显著（p < 0.001）；，采用LSD检验进一步事后多重比较，发现成就型、排他型和弥散型不同年龄之间存在差异，表3-6-6详细标示了差异达到显著的年龄，延缓型不同年龄间差异未达到显著。

表3-6-6　人际依赖和自我同一性的性别、年龄差异比较

| | | 人际依赖 IPPA | | | 自我同一性 EMO | | | |
|---|---|---|---|---|---|---|---|---|
| | | 母亲依赖 | 父亲依赖 | 同伴依赖 | 成就型 | 延缓型 | 排他型 | 弥散型 |
| 男 | M | 66.52 | 70.55 | 79.73 | 64.68 | 59.77 | 46.13 | 52.19 |
| | SD | 10.98 | 11.75 | 12.60 | 10.83 | 10.20 | 11.59 | 11.08 |
| 女 | M | 68.35 | 69.76 | 83.93 | 62.98 | 59.23 | 47.34 | 52.22 |
| | SD | 10.97 | 12.96 | 11.38 | 9.75 | 10.16 | 11.93 | 10.76 |
| F | | 3.410 | .505 | 15.210*** | 4.468* | 0.033 | 0.139 | 0.141 |
| | | | | | | | | |
| 18 | M | 69.26 | 68.87 | 82.74 | 61.74$^{f, h}$ | 61.91 | 47.09 | 55.52$^{c, f}$ |
| | SD | 11.89 | 15.53 | 12.05 | 10.02 | 10.57 | 12.37 | 11.92 |
| 19 | M | 67.10 | 69.41 | 81.30 | 60.69$^{f, g, h}$ | 57.97 | 46.10$^{h}$ | 55.11$^{c, f, g}$ |
| | SD | 12.74 | 12.31 | 12.20 | 11.08 | 10.66 | 11.64 | 11.21 |
| 20 | M | 66.51 | 69.57 | 83.14 | 63.53$^{h}$ | 58.70 | 45.33$^{f, g, h}$ | 50.06a, b |
| | SD | 12.62 | 15.03 | 14.15 | 10.49 | 10.64 | 12.18 | 10.99 |

续表

| | | 人际依赖 IPPA | | | 自我同一性 EMO | | | |
|---|---|---|---|---|---|---|---|---|
| | | 母亲依赖 | 父亲依赖 | 同伴依赖 | 成就型 | 延缓型 | 排他型 | 弥散型 |
| 21 | M | $63.84^{fg}$ | 70.38 | $79.08^{eg}$ | $60.56^{f,g,h}$ | 58.52 | $43.73^{f,g,h}$ | 52.77 |
| | SD | 11.35 | 11.49 | 13.13 | 9.73 | 10.37 | 11.15 | 10.39 |
| 22 | M | 68.18 | 70.43 | $83.63^{d}$ | 63.96 | 59.65 | $43.02^{f,g,h}$ | 52.41 |
| | SD | 9.820 | 11.60 | 10.26 | 10.76 | 9.61 | 10.379 | 9.14 |
| 23 | M | $69.77^{d}$ | 71.05 | 82.06 | $65.66^{a,b}$ | 59.88 | $49.84^{c,d,e}$ | $51.49^{a,b}$ |
| | SD | 10.66 | 11.51 | 11.65 | 8.58 | 8.78 | 10.42 | 9.99 |
| 24 | M | $69.67^{d}$ | 70.60 | $84.07^{d}$ | $65.66^{b,d}$ | 59.88 | 49.84 | $51.49^{b}$ |
| | SD | 8.12 | 11.84 | 9.96 | 9.70 | 9.65 | $11.79^{c,d,e}$ | 10.84 |
| 25 | M | 67.54 | 69.31 | 80.91 | $67.61^{a,b,c}$ | 61.41 | 50.96 | 53.46 |
| | SD | 8.96 | 10.75 | 11.41 | 9.90 | 11.27 | $13.25^{b,c,d,e}$ | 12.49 |
| F | | $2.250^{*}$ | 0.198 | 1.279 | $4.399^{***}$ | 0.869 | $3.860^{***}$ | 1.994 |

注：表中数字右上角的 abcdefgh 分别代表与所在年龄组存在显著差异的年龄组，依次为 18 ~ 25 岁。

### 2.3.3 自主、人际依赖和自我同一性的相关分析

表 3-6-7 显示成年初期自主总分及三个维度自我主张、自我依靠、自我控制与延缓型无显著相关，只有自我决断与延缓型显著相关（$p < 0.01$），人际依赖各分量表与延缓型其中自我主张、自我依靠与意识延缓无显著相关；成年初期自主总分和各维度与人际依赖各分量表显著正相关，相关系数在 0.126 ~ 0.320 之间；自主与弥散型、排他型和成就型相关达到显著（$p < 0.05$），相关系数的绝对值在 0.099 ~ 0.357 之间；人际依赖与与弥散型、排他型和成就型相关达到显著，相关系数的绝对值在 0.094 ~ 0.395 之间。根据 Baron 和 Kenny（1986）提出的中介作用分析前提条件，自主与延缓型之间显然不适宜做中介分析，而自主与弥散型、排他型、成就型之间均可以做人际依赖的中介作用分析。

表 3-6-7　自主、人际依赖和自我同一性各维度间的相关

| 变量 | 1 | 2 | 3 | 4 | 5 | 6 | 7 | 8 | 9 | 10 | 11 | 12 |
|---|---|---|---|---|---|---|---|---|---|---|---|---|
| 自我主张 | 1 | | | | | | | | | | | |
| 自我依靠 | 0.692** | 1 | | | | | | | | | | |
| 自我控制 | 0.504** | 0.397** | 1 | | | | | | | | | |
| 自我决断 | 0.379** | 0.323** | 0.376** | 1 | | | | | | | | |
| 自主总分 | 0.874** | 0.817** | 0.731** | 0.623** | 1 | | | | | | | |
| 母亲依赖 | 0.273** | 0.199** | 0.226** | 0.126** | 0.275** | 1 | | | | | | |
| 父亲依赖 | 0.268** | 0.221** | 0.218** | 0.177** | 0.291** | 0.533** | 1 | | | | | |
| 同伴依赖 | 0.299** | 0.246** | 0.248** | 0.175** | 0.320** | 0.406** | .382** | 1 | | | | |
| 弥散型 | −.059** | −0.223** | −0.279** | −0.348** | −0.349** | −0.162** | −.187** | −0.395** | 1 | | | |
| 排他型 | −.099* | −0.192** | −0.122** | −0.208** | −0.194** | 0.159** | 0.102* | −.094* | .416** | 1 | | |
| 延缓型 | −0.003 | 0.067 | −0.036 | −0.129** | −0.021 | 0.019 | 0.055 | −.040 | .242** | .324** | 1 | |
| 成就型 | 0.357** | 0.312** | 0.209** | 0.163** | 0.350** | 0.210** | 0.187** | 0.300** | −.340** | .132** | .243** | 1 |

### 2.3.4　自主对自我同一性的预测作用

采用 Enter 分层回归，先控制人口学变量对自我同一性的影响，然后在第二层考察自主对自我同一性四个分量表的预测作用。结果发现，自主对弥散性、排他型、延缓型和成就型预测作用显著，解释率依次为 15.3%，6.3%，3.4%，12.7%。其中自我控制（$\beta$ =-0.123，$p < 0.05$）和自我决断（$\beta$ =-0.270，$p < 0.001$）对弥散型有显著负向预测作用；自我依靠（$\beta$ =-0.191，$p < 0.01$）和自我决断（$\beta$ =-0.164，$p < 0.001$）对排他型有显著负向预测作用；自我依靠对延缓型有正向预测作用（$\beta$ =0.168，$p < 0.05$）；而自我决断对延缓型有负向预测作用（$\beta$ =-0.164，$p < 0.001$），自我主张（$\beta$ =0.229，$p < 0.001$）和自我依靠（$\beta$ =0.148，$p < 0.05$）对成就型有正向预测作用（见表 3-6-8）。此外，性别对自我同一性四种类型无主效应，但是年龄对成就型（$\beta$ =0.201，$p < 0.001$）和排他型（$\beta$ =0.155，$p < 0.001$）有主效应，因此在建构结构方差

模型时不能忽视年龄的作用。

### 表 3-6-8　自主对自我同一性的预测指标

| 因变量 | 步骤 | $\Delta R^2$ | $\Delta F$ | B | SE | β | t |
|---|---|---|---|---|---|---|---|
| 弥散型 | 第一步 | 0.003 | 0.680 | | | | |
| | 性别 | | | −0.117 | 0.981 | −0.005 | −0.120 |
| | 年龄 | | | −0.268 | 0.232 | −0.052 | −10.155 |
| | 第二步 | 0.153 | 22.469*** | | | | |
| | 自我主张 | | | −0.116 | 0.124 | −0.058 | −0.940 |
| | 自我依靠 | | | −0.107 | 0.126 | −0.049 | −0.850 |
| | 自我控制 | | | −0.308 | 0.124 | −0.123 | −20.488* |
| | 自我决断 | | | −0.822 | 0.143 | −0.270 | −50.757*** |
| 排他型 | 第一步 | 0.027 | 6.921** | | | | |
| | 性别 | | | −1.449 | 1.054 | −.061 | −1.375 |
| | 年龄 | | | 0.875 | 0.249 | 0.155 | 3.510*** |
| | 第二步 | 0.063 | 8.627*** | | | | |
| | 自我主张 | | | 0.243 | 0.140 | 0.112 | 1.737 |
| | 自我依靠 | | | −0.451 | 0.142 | −0.191 | −3.171** |
| | 自我控制 | | | −0.150 | 0.140 | −0.055 | −1.070 |
| | 自我决断 | | | −0.545 | 0.161 | −0.164 | −3.375*** |
| 延缓型 | 第一步 | 0.005 | 1.215 | | | | |
| | 性别 | | | 0.625 | 0.915 | 0.031 | 0.683 |
| | 年龄 | | | 0.297 | 0.216 | 0.061 | 1.372 |
| | 第二步 | 0.034 | 4.325** | | | | |
| | 自我主张 | | | −0.091 | 0.123 | −0.049 | −.735 |
| | 自我依靠 | | | 0.321 | 0.126 | 0.158 | 2.561* |
| | 自我控制 | | | −0.041 | 0.124 | −0.018 | −0.335 |
| | 自我决断 | | | −0.466 | 0.142 | −0.164 | −3.272*** |
| 成就型 | 第一步 | 0.046 | 12.145*** | | | | |
| | 性别 | | | 1.427 | .905 | .069 | 1.578 |
| | 年龄 | | | 0.985 | 0.214 | 0.201 | 4.602*** |
| | 第二步 | 0.127 | 19.007*** | | | | |
| | 自我主张 | | | 0.431 | 0.116 | 0.229 | 3.727*** |
| | 自我依靠 | | | 0.291 | 0.118 | 0.142 | 2.475* |
| | 自我控制 | | | 0.042 | 0.116 | 0.018 | 0.361 |
| | 自我决断 | | | 0.038 | 0.133 | 0.013 | 0.281 |

### 2.3.5 人际依赖的中介作用分析

根据已有的研究和表 3-6-7 相关分析、表 3-6-8 回归分析结果，可以假设人际依赖在自主与自我同一性三种类型（弥散型、排他型和成就型）之间存在中介作用，如图 3-6-1 所示。人际依赖是二阶因子，因此可以将母亲依赖、父亲依赖和同伴依赖作为人际依赖（潜变量）的三个指标；也可以依次将母亲依赖、父亲依赖和同伴依赖作为潜变量，进行模型修正。传统回归分析的一个前提假设是自变量不存在测量误差，需要对每个因变量进行逐一计算，而在结构方程模型中则允许自变量和因变量包含测量误差，且可以同时对多个因变量及因子间关系进行分析，在假设潜变量间关系的基础上估计模型与数据的拟合程度（温忠麟，et al.，2004）。采用 AMOS17 统计软件建立结构方程模型，检验假设模型的拟合程度。为了确定模型的拟合度，选取了 SRMR、RMSEA 等统计指标。

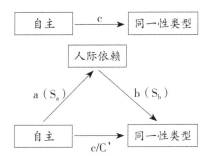

**图 3-6-1 人际依赖在自主与自我同一性类型间的中介作用模型**

### 2.3.5.1 人际依赖在自主与弥散型间的中介作用

为了检验人际依赖在自主与弥散型间中介作用，本研究将建立完全中介（M Ⅰ，见图 3-6-2），部分中介模型（M Ⅱ，见图 3-6-3）及修正后的部分中介模型 M Ⅲ-1 是基于模型 M Ⅱ，减少了自我依靠→人际依赖，自我依赖→弥散型，自我主张→弥散型路径后形成的，而 M Ⅲ-2（见图 3-6-4）、M Ⅲ-3（见图 3-6-5）和 M Ⅲ-4 则是在 M Ⅲ-1 的基础上分别以母亲依赖、父亲依赖和同伴依赖取代人际依赖为中介变量形成的修正模型。通过模型比较，最终确定一个与数据拟合且相对节俭的获胜模型。

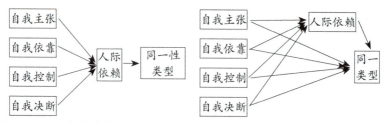

图 3-6-2 完全中介模型（M Ⅰ）　图 3-6-3 部分中介模型（M Ⅱ）

通过嵌套模型卡方原则比较，可发现完全中介模型 M Ⅰ 和部分中介模型 M Ⅱ 的差异显著，Δχ2Δd f=13.127，p＜0.05）。因而取拟合较优且相对复杂的模型 M Ⅱ。修正后的部分中介模型 M Ⅲ-1 与 M Ⅱ 的差异也显著（Δχ2Δd f=27.311，p＜0.05）。由表 3-6-9 看出 M Ⅲ-1 较 M Ⅱ 明显改善，但是拟合指数不够理想。因此在 M Ⅲ-1 的基础上，进一步比较了修正模型 M Ⅲ-2，M Ⅲ-3，M Ⅲ-4，发现以母亲依赖为中介的 M Ⅲ-2 各项拟合指标都比较好，χ2/d f 为 2.846，RMSEA 为 0.061，SRMR 为 0.0416，是几个模型中最低的，CFI、NNFI、NFI、IFI 等拟合指数均大于 0.90；其次是以父亲依赖为中介的 M Ⅲ-3，虽然 χ2/d f 为 3.638 大于 3.0，但根据 Hu & Bentler（1998）的推荐，RMSEA，SRMR<0.08 时模型是可以接受，M Ⅲ-3 的 RMSEA 为 0.073. SRMR 为 0.0554，CFI、NNFI、NFI、IFI 等拟合指数均大于 0.90，所以 M Ⅲ-3 也是可以接受的。

表 3-6-9　自主与弥散型：人际依赖中介效应的结构模型比较

| | $\chi^2$ | d f | $\chi^2$/d f | RMSEA | SRMR | CFI | NNFI | NFI | IFI |
|---|---|---|---|---|---|---|---|---|---|
| M Ⅰ | 224.945 | 21 | 10.712 | 0.139 | 0.1115 | 0.842 | 0.728 | 0.830 | 0.843 |
| M Ⅱ | 172.436 | 17 | 10.143 | 0.135 | 0.0982 | 0.879 | 0.744 | 0.870 | 0.881 |
| M Ⅲ-1 | 90.526 | 14 | 6.466 | 0.104 | 0.0563 | 0.920 | 0.840 | 0.908 | 0.921 |
| M Ⅲ-2 | 42.684 | 15 | 2.846 | 0.061 | 0.0416 | 0.969 | 0.943 | 0.954 | 0.970 |
| M Ⅲ-3 | 58.213 | 16 | 3.638 | 0.073 | 0.0554 | 0.953 | 0.918 | 0.937 | 0.954 |
| M Ⅲ-4 | 142.689 | 16 | 8.918 | 0.126 | 0.0828 | 0.896 | 0.818 | 0.885 | 0.897 |

由图 3-6-4 可见，自我决断对弥散型只有直接效应，绝对值为 0.319；自我主张对弥散型只有间接效应，通过母亲依赖的完全中介负向影响弥散型，间接效用的绝对值为 0.035；自我控制是通过母亲依赖的中介影响弥散型，其直

接效应绝对值为 0.179，间接效应绝对值为 0.015，中介效应与总效应的比值为 0.077。

由图 3-6-5 可见，自我决断和自我控制对弥散型有直接效应，其效应的绝对值分别为 0.309，0.187；自我主张对弥散型只有间接效应，通过父亲依赖的完全中介影响弥散型，其效应绝对值为 0.035。

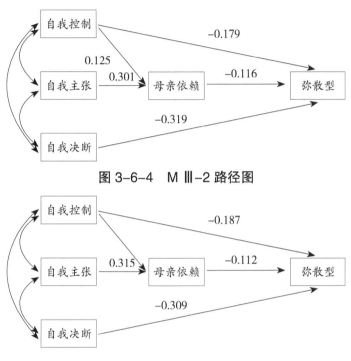

图 3-6-4　M Ⅲ-2 路径图

图 3-6-5　M Ⅲ-3 路径图

综合来看，对弥散型而言，自主、母亲依赖和父亲依赖均有负向影响；自我控制和自我决断对弥散型有直接影响，自我控制还可以通过母亲依赖的部分中介间接影响弥散型；自我主张则要么通过母亲依赖的完全中介间接影响弥散型，要么通过父亲依赖的完全中介间接影响，但是自主间接影响程度相对直接影响而言较小。

#### 2.3.5.2　人际依赖在自主与排他型间的中介作用

参照图 3-6-2 和图 3-6-3，本研究建立了自主与排他型的完全中介（M Ⅰ），部分中介模型（M Ⅱ）以及修正后的部分中介模型 M Ⅲ-5（见图 3-6-6）是

基于模型 M Ⅱ，减少了自我控制→人际依赖，自我控制→排他型，自我主张
→排他型路径，增加年龄→排他型路径而形成的，M Ⅲ-6（见图3-6-7）、
M Ⅲ-7 和 M Ⅲ-8 则是在 M Ⅲ-5 的基础上分别以母亲依赖、父亲依赖和同伴
依赖取代人际以阿里为中介变量形成的修正模型。通过模型比较，最终确定一
个与数据拟合且相对节俭的获胜模型。

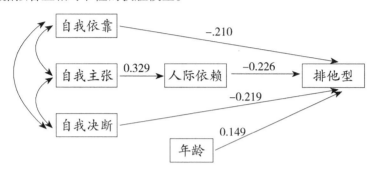

图 3-6-6　M Ⅲ-5 路径图

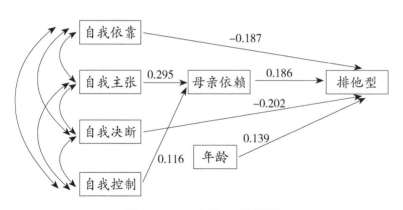

图 3-6-7　M Ⅲ-6 路径图

通过嵌套模型卡方原则比较，可发现完全中介模型 M Ⅰ 和部分中介模型
M Ⅱ 的差异显著，Δ$\chi^2$Δd f=13.505，p ＜ 0.05）。因而取拟合较优且相对复杂
的模型 M Ⅱ。修正后的部分中介模型 M Ⅲ-5 与 M Ⅱ 的差异也显著（Δ$\chi^2$Δd
f=17.418，p ＜ 0.05）。由表3-6-10看出，M Ⅲ-5 较 M Ⅱ 明显改善，各项
拟合指标都比较理想，$\chi^2$/d f 为 2.263，RMSEA 为 0.061，SRMR 为 0.0450，

CFI、NNFI 等其他指数均大于 0.95。随后进一步比较了修正模型 M Ⅲ –6，M Ⅲ –7，M Ⅲ –8，发现以母亲依赖为中介的 M Ⅲ –6 各项拟合指标，明显优于 M Ⅲ –7，M Ⅲ –8，$\chi^2$/df 为 3.401，SRMR 为 0.0543，RMSEA 为 0.061 小于 0.08，而且 M Ⅲ –6 让自主四个维度都进入了模型，符合理论构想（见图 3-6-7）。

由图 3-6-6 可见，自我依靠和自我决断对排他型有直接效应，无间接效应，其绝对值分别为 0.210，0.219；自我主张对排他型只有间接效应，通过母亲依赖的完全中介正向影响排他型，间接效用为 0.074。年龄对排他型有直接影响，其效应值为 0.149。

表 3-6-10　自主与排他型：人际依赖中介效应的结构模型比较

| | $\chi^2$ | df | $\chi^2$/df | RMSEA | SRMR | CFI | NNFI | NFI | IFI |
|---|---|---|---|---|---|---|---|---|---|
| M Ⅰ | 171.217 | 21 | 8.153 | 0.119 | 0.1142 | 0.892 | 0.816 | 0.880 | 0.894 |
| M Ⅱ | 117.197 | 17 | 6.894 | 0.108 | 0.0908 | 0.928 | 0.848 | 0.918 | 0.929 |
| M Ⅲ–5 | 47.526 | 21 | 2.263 | 0.050 | 0.0450 | 0.978 | 0.963 | 0.962 | 0.979 |
| M Ⅲ–6 | 95.231 | 28 | 3.401 | 0.069 | 0.0543 | 0.954 | 0.926 | 0.937 | 0.954 |
| M Ⅲ–7 | 101.130 | 21 | 4.816 | 0.087 | 0.0644 | 0.938 | 0.893 | 0.923 | 0.938 |
| M Ⅲ–8 | 124.421 | 21 | 5.925 | 0.099 | 0.0701 | 0.931 | 0.882 | 0.919 | 0.932 |

由图 3-6-7 可见，自我依靠和自我决断对排他型有直接效应，无间接效应，其绝对值分别为 0.210，0.219；自我主张，自我控制对排他型只有间接效应，通过母亲依赖的完全中介正向影响排他型，间接效用为 0.055，0.0216。年龄对排他型有直接影响，其效应值为 0.139。

综合来看，排他型属于假性心理成熟，年龄对其有直接影响，即随着年龄的增长，排他型的得分越高，心理早闭的程度越高；人际依赖对排他型有正向影响，自主对排他型既有直接影响，也有间接影响；直接影响是负向的，而受人际依赖的影响，间接影响变成正向的；自主的直接效应明显高于间接效应。具体而言，自主依靠和自我决断直接影响排他型，即自我依靠和自我决断水平越高，心理早闭程度越低；自主主张对排他型有间接影响，通过人际依赖影响排他型，意味着自我主张程度越高，而人际关系又好，则心理早闭程度越高；自我控制则需要通过母亲依赖间接影响排他性，这种影响是正向的，即自我控制水平越高，与母亲关系越好，心理早闭程度越高。

### 2.3.5.3　人际依赖在自主与成就型间的中介作用

参照图 3-6-2 和图 3-6-3，本研究建立了自主与成就型的完全中介（M Ⅰ），部分中介模型（M Ⅱ）及修正后的部分中介模型 M Ⅲ-9（见图 3-6-8）是基于模型 M Ⅱ，减少了自我控制→人际依赖，自我控制→成就型，自我决断→人际依赖，自我决断→成就型路径，增加了年龄→成就型路径而形成的，M Ⅲ-10（见图 3-6-9）、M Ⅲ-11 和 M Ⅲ-12 则是在 M Ⅲ-9 的基础上分别以母亲依赖、父亲依赖和同伴依赖取代人际以阿里为中介变量形成的修正模型。通过模型比较，最终确定一个与数据拟合且相对节俭的获胜模型。

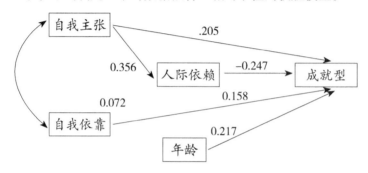

图 3-6-8　M Ⅲ-9 路径图

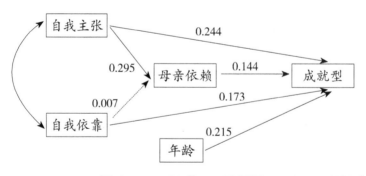

图 3-6-9　M Ⅲ-10 路径图

通过嵌套模型卡方原则比较，可发现完全中介模型 M Ⅰ 和部分中介模型 M Ⅱ 的差异显著，（$\Delta \chi^2 \Delta df$ =8.560，$p < 0.05$）。因而取取拟合较优且相对复杂的模型 M Ⅱ。修正后的部分中介模型 M Ⅲ-9 与 M Ⅱ 的差异也显著

（Δχ²Δdf=80.386，p＜0.01）。由表 3-6-11 看出，M Ⅲ-9 较 M Ⅱ 明显改善，各项拟合指标都比较理想，χ²/df 为 2.187，RMSEA 为 0.049，SRMR 为 0.0380，CFI、NNFI 等其他指数均大于 0.95。随后进一步比较了修正模型 M Ⅲ-6 ~ M Ⅲ-8，发现三个模型的拟合指数都比较理想，根据简约原则，M Ⅲ-9 可以包含这三个模型，与理论构想更吻合。但是保留了 M Ⅲ-10，因为该模型相较 M Ⅲ-9 可以纳入更多的自主维度（见图 3-6-11），其拟合指标 χ²/df 为 2.355，RMSEA 为 0.052，SRMR 为 0.0382，CFI、NNFI 等其他指数均大于 0.95。

表 3-6-11　自主与成就型：人际依赖中介效应的结构模型比较

| | χ² | df | χ²/df | RMSEA | SRMR | CFI | NNFI | NFI | IFI |
|---|---|---|---|---|---|---|---|---|---|
| M Ⅰ | 149.615 | 21 | 7.125 | 0.111 | 0.1012 | 0.892 | 0.815 | 0.878 | 0.894 |
| M Ⅱ | 115.377 | 17 | 6.787 | 0.107 | 0.0890 | 0.918 | 0.826 | 0.906 | 0.919 |
| M Ⅲ-9 | 34.991 | 16 | 2.187 | 0.049 | 0.0380 | 0.980 | 0.965 | 0.964 | 0.980 |
| M Ⅲ-10 | 49.450 | 21 | 2.355 | 0.052 | 0.0382 | 0.975 | 0.956 | 0.957 | 0.975 |
| M Ⅲ-11 | 33.292 | 16 | 2.081 | 0.046 | 0.0357 | 0.982 | 0.968 | 0.966 | 0.982 |
| M Ⅲ-12 | 42.407 | 16 | 2.650 | 0.057 | 0.0336 | 0.978 | 0.961 | 0.965 | 0.978 |

由图 3-6-8 可见，自我主张和自我依靠对成就型有直接效应，其效应值分别为 0.205，0.158；自我主张对成就型还有间接效应，通过人际依赖的部分中介正向影响成就型，间接效用为 0.088，中介效应与总效应的比值为 0.300。因为自我依靠对人际依赖影响没有达到显著水平，所以自我依靠的间接效应不成立。年龄对成就型有直接影响，其效应值为 0.217。

由图 3-6-9 可见，自我主张和自我依靠对成就型有直接效应，其效应值分别为 0.244，0.173；自我主张对成就型还有间接效应，通过母亲依赖的部分中介正向影响成就型，间接效用为 0.042，中介效应与总效应的比值为 0.147，而自我依靠的间接效应不成立，因为自我依靠与母亲依赖的影响没有达到显著水平；自我控制对成就型只有间接作用，通过母亲依赖的完全中介作用影响成就型，其间接效应值为 0.017。年龄对成就型有直接影响，其效应值为 0.215。

综合来看，成就型是心理成熟指标，年龄对其有直接影响，即随着年龄的增长，成就型得分越高，心理成熟水平越高；人际依赖和自主对成就型均有正向影响，自主对成就型既有直接影响也有间接影响，即自主主张和自我依靠直接影响心理成熟，自主主张和自我依靠水平越高，心理成熟水平越高；自我主张还可以通过人际依赖间接影响心理成就，自我主张水平越高，人际关系越好，心理成熟水平越高；自我控制则通过母亲依赖间接影响心理成熟，即自我控制水平越高，与母亲关系越好，心理成熟水平越高。

# 3 自主、人际依赖与主观幸福感、学校适应的相关研究

## 3.1 研究目的

已有研究中青少年自主对心理健康和社会适应的影响既有积极方面也有消极方面，主要是因为研究者根据不同的自主概念，采用不同的研究工作。本研究采用自编成年初期自主问卷，考察中国大学生的自主对心理健康和学校适应的影响机制。

本研究假设成年初期自主对大学生的主观幸福感、学校适应有正向预测作用，自主还可以以人际依赖为中介间接影响主观幸福感和学校适应。

## 3.2 研究方法

### 3.2.1 研究对象

选取三所大学，分别是省重点大学、二本院校和独立院校，分层随机抽取被试者650人。回收问卷B 605份，筛除部分无效问卷，最终获得581个有效被试者，有效率为89.4%。被试者的情况见表3-6-12。

### 表3-6-12 被试者人口学信息

| | 性别 | | 年龄 | | | | | | | |
|---|---|---|---|---|---|---|---|---|---|---|
| | 男 | 女 | 18 | 19 | 20 | 21 | 22 | 23 | 24 | 25 |
| 人数 | 287 | 277 | 40 | 79 | 141 | 110 | 88 | 44 | 44 | 35 |
| % | 49.4 | 47.7 | 6.9 | 13.6 | 24.3 | 18.9 | 15.1 | 7.6 | 7.6 | 6.0 |
| 合计 | 564（缺17个） | | 581 | | | | | | | |

### 3.2.2 研究工具

自主性：自编青春后期和成年初期的自主性评定量表。

人际依赖：修订后的 IPPA 大学生版。

主观幸福感由两个量表构成：①《生活满意量表 SWLS》（Diener, Emmons, Larsen, & Griffin, 1985）来测量主观幸福感的认知部分。此量表有 5 个题目，要求反映者从主观直觉评价个人对整体生活的满意度。生活满意量表采用 7 点量表作答。1 分表示"非常不同意"，7 分表示"非常同意"，总分范围为 5 ~ 35 分。此量表和其他测量主观幸福感的工具显示良好的聚合效度，对其他情意层面的幸福感测量工具则具有区别效度（Pavot & Diener, 1993），而间隔四年的再测信度达 0.54。此量表具有良好的内部一致性，Cronbach's α 为 0.82；②《积极情感和消极情感量表》（PANA）（Bradbum, 1969），积极情感量表测量积极情感，消极情感量表测量消极情感，平衡式情感量表反映积极情感和消极情感的差异。这些量表是基于对幸福的一个"功能"或"快乐—痛苦"理论所建立的。该理论认为一个人的幸福是依他在积极和消极两个独立的维度上的位置而定，也就是说，平衡式情感量表分数反映个体的幸福感水平。对积极情感作肯定回答计 1 分，对消极情感作否定回答计 1 分。平衡式情感量表的计分方法是将积极情感分数减去消极情感分数，再加上一个常数 5（目的在于避免负数）。这样得分落在 0（最低的情感分数）到 10（最高的情感分数）之间。积极情感项目重测一致性为 0.83，消极情感项目重测一致性为 0.81。

主观幸福感是生活满意与平衡情感之和，作为心理健康的指标。

学校适应：学校适应指标是从 Huebner《学生多维生活满意量表》（Multidimensional Student's Life Satisfaction Scale MSLSS）中抽取有关学校适应方面的 8 个条目，加上学业表现主观评价构成学校适应量表（SAS），内部一致性 Cronbach's α 系数为 0.79。

### 3.2.3　数据处理

本研究所有数据录入、统计和分析主要由 SPSS11.5 进行，主要进行方差分析、相关分析、方差分析及回归分析，并采用 AMOS17.0 进行路径分析。

## 3.3 结果与分析

### 3.3.1 人际依赖、主观幸福感及学校适应的特点

参与本次调查的 581 名成年初期的大学生在人际依赖和自我同一性各分量表得分的平均数和标准差见表 3-6-13。人际依赖三个分量表母亲依赖、父亲依赖和同伴依赖的平均数依次为 66.03，69.00，57.57；生活满意、平衡情感、主观幸福感和学校适应平均数依次为 20.64，6.31，26.95，37.25。

**表 3-6-13　人际依赖、主观幸福感和学校适应的平均数和标准差**

|  | 母亲依赖 | 父亲依赖 | 同伴依赖 | 生活满意 | 平衡情感 | 主观幸福感 | 学校适应 |
|---|---|---|---|---|---|---|---|
| M | 66.03 | 69.00 | 57.57 | 20.64 | 6.31 | 26.95 | 37.25 |
| SD | 10.831 | 12.066 | 11.722 | 6.210 | 1.885 | 7.149 | 7.178 |

### 3.3.2 人际依赖、主观幸福感和学校适应的性别、年龄差异

人际依赖各分量表和生活满意、平衡情感、主观幸福感和学校适应均分为因变量，性别、年级为自变量做多元方差分析（MANOVA），结果发现，成年初期大学生在人际依赖中父亲依赖（F= 4.107，p< 0.05）和同伴依赖的性别主效应显著（F=8.049，p< 0.01），三个分量表年龄主效应没有达到显著水平，性别和年龄交互作用不显著。成年初期大学生生活满意、平衡情感、主观幸福感和学校适应的性别主效应、年龄主效应、性别和年龄的交互均不显著，除了平衡情感的年龄主效应达到显著边际水平（F= 2.028，p =0.05）。

进一步对人际依赖在性别和年级上的平均数差异检验（ANOVA），结果见表 3-6-14。成年初期女大学生的母亲依赖和同伴依赖得分高于男生，同伴依赖性别差异达到显著（F=11.769，p< 0.001）；成年初期女大学生在父亲依赖上的得分低于男生，但差异未达到显著；不同年龄大学生在人际依赖各分量表不同年龄之间差异未达到显著，人际依赖没有随年龄上升的趋势。

同样，采用 ANOVA 对成年初期大学生的生活满意、平衡情感、主观幸福感和学校适应进行性别和年龄平均数差异检验，结果见表 3-6-14。成年初期女大学生在生活满意、主观幸福感和学校适应上平均分均高于男生，只有平衡情感上的平均分低于男生，但是性别差异均未达到显著。年龄在生活

满意、主观幸福感和学校适应上总体无差异，但在平衡情感上年龄差异显著（F=2.217，p<0.05）。进一步事后多重比较，发现 19 岁、21 岁的生活满意低于 23 岁，LSD 检验差异达到显著（p<0.05）；在 18、19、21 岁主观幸福感低于 23 岁，LSD 检验差异达到显著（p<0.05），19～22 岁学校适应低于 25 岁，LSD 检验差异达到显著（p<0.05），年龄间差异达到显著的标示在表 3-6-14 中。

表 3-6-14　人际依赖和主观幸福感、学校适应的性别、年龄差异

| | | 母亲依赖 | 父亲依赖 | 同伴依赖 | 生活满意感 | 平衡情感 | 主观幸福感 | 学校适应 |
|---|---|---|---|---|---|---|---|---|
| 男 | M | 65.36 | 69.96 | 56.09 | 20.32 | 6.39 | 26.71 | 36.94 |
| | SD | 9.590 | 11.057 | 11.009 | 6.170 | 1.870 | 7.046 | 7.333 |
| 女 | M | 66.90 | 67.93 | 59.44 | 20.93 | 6.24 | 27.16 | 37.40 |
| | SD | 11.821 | 13.091 | 12.174 | 6.208 | 1.900 | 7.206 | 7.097 |
| | F | 2.872 | 3.960[*] | 11.769[**] | 1.354 | .875 | .583 | .568 |
| 18 | M | 66.71 | 67.96 | 57.00 | 20.19 | 5.95 | 26.14[f] | 37.66 |
| | SD | 11.106 | 13.548 | 13.835 | 5.416 | 1.552 | 5.865 | 7.134 |
| 19 | M | 66.33 | 69.57 | 56.94 | 20.06f | 5.87 | 25.93[f] | 36.80[h] |
| | SD | 11.591 | 12.501 | 12.358 | 6.181 | 1.957 | 7.094 | 6.584 |
| 20 | M | 65.90 | 68.70 | 57.69 | 20.51 | 6.45 | 26.95 | 37.46[h] |
| | SD | 11.593 | 13.012 | 11.357 | 6.236 | 1.696 | 6.998 | 7.000 |
| 21 | M | 64.84 | 67.97 | 56.99 | 19.96[f] | 6.14 | 26.10[f] | 36.33[h] |
| | SD | 9.979 | 10.322 | 10.454 | 5.815 | 1.927 | 6.736 | 7.062 |
| 22 | M | 66.01 | 69.18 | 57.91 | 20.39 | 6.55 | 26.93 | 36.22[h] |
| | SD | 11.207 | 12.262 | 12.453 | 6.694 | 2.202 | 7.881 | 8.142 |
| 23 | M | 66.33 | 68.83 | 59.90 | 22.52[bd] | 6.89 | 29.41[abd] | 38.16 |
| | SD | 9.380 | 10.932 | 11.026 | 5.789 | 1.674 | 6.732 | 7.585 |
| 24 | M | 68.84 | 70.61 | 58.30 | 22.09 | 6.09 | 28.18 | 37.82 |
| | SD | 11.495 | 13.420 | 12.203 | 6.678 | 2.033 | 7.893 | 6.831 |
| 25 | M | 64.97 | 71.11 | 56.25 | 21.50 | 6.74 | 28.24 | 40.58[b~e] |
| | SD | 7.880 | 9.902 | 11.895 | 6.614 | 1.597 | 7.606 | 6.229 |
| | F | 0.698 | 0.460 | 0.431 | 1.369 | 2.217[*] | 1.631 | 1.831 |

注：表中数字右上角的 abcdefgh 分别代表与所在年龄组存在显着差异的年龄，依次为 18～25 岁。

### 3.3.3　自主、人际依赖和主观幸福感、学校适应的相关

表 3-6-15 显示成年初期自主的四个维度和总分与人际依赖的三个分量表母亲依赖、父亲依赖、同伴依赖正相关，均达到显著水平（p<0.01），相关系数在 0.160～0.383 之间；自主的四个维度和总分与生活满意、平衡

情感、主观幸福感显著正相关（$p < 0.01$），相关系数在 $0.139 \sim 0.381$ 之间；自主的四个维度和总分与学校适应显著正相关（$p < 0.01$），相关系数在 $0.162 \sim 0.408$ 之间；人际依赖三个分量表母亲依赖、父亲依赖、同伴依赖与生活满意、平衡情感、主观幸福感、学校适应显著正相关（$p < 0.01$），相关系数在 $0.215 \sim 0.319$ 之间。根据 Baron & Kenny（1986）提出的中介作用分析前提条件，各变量之间的显著相关可以进行人际依赖的中介作用分析。

表 3-6-15　自主、人际依赖和主观幸福感、学校适应的相关

| | 1 | 2 | 3 | 4 | 5 | 6 | 7 | 8 | 9 | 10 | 11 | 12 |
|---|---|---|---|---|---|---|---|---|---|---|---|---|
| 自我主张 | 1 | | | | | | | | | | | |
| 自我控制 | 0.504** | 0.351** | 1 | | | | | | | | | |
| 自我决断 | 0.301** | 0.192** | 0.372** | 1 | | | | | | | | |
| 自主总分 | 0.894** | 0.808** | 0.715** | 0.546** | 1 | | | | | | | |
| 母亲依赖 | 0.383** | 0.316** | 0.249** | 0.160** | 0.383** | 1 | | | | | | |
| 父亲依赖 | 0.297** | 0.242** | 0.184** | 0.159** | 0.302** | 0.554** | 1 | | | | | |
| 同伴依赖 | 0.326** | 0.270** | 0.260** | 0.213** | 0.359** | 0.417** | 0.295** | 1 | | | | |
| 生活满意 | 0.279** | 0.264** | 0.296** | 0.139** | 0.330** | 0.249** | 0.284** | 0.273** | 1 | | | |
| 平衡情感 | 0.318** | 0.267** | 0.267** | 0.220** | 0.358** | 0.244** | 0.219** | 0.294** | 0.384** | 1 | | |
| 主观幸福感总分 | 0.326** | 0.300** | 0.327** | 0.179** | 0.381** | 0.281** | 0.304** | 0.315** | 0.970** | 0.597** | 1 | |
| 学校适应总分 | 0.345** | 0.311** | 0.394** | 0.162** | 0.408** | 0.284** | 0.249** | 0.296** | 0.488** | 0.341** | 0.513** | 1 |

### 3.3.4　自主对主观幸福感、学校适应的预测

采用 Enter 分层回归，先控制人口学变量的影响，然后在第二层考察自主对生活满意、平衡情感、主观幸福感、学校适应的预测作用。结果发现，自主对生活满意、平衡情感、主观幸福感、学校适应预测作用显著，解释率依次为 11.5%，12.3%，14.8%，18.7%。其中自我依靠（$\beta = 0.139$，$p < 0.05$）和自我控制（$\beta = 0.195$，$p < 0.001$）对生活满意有显著正向预测作用；自主主张（$\beta = 0.165$，$p < 0.01$）、自我控制（$\beta = 0.107$，$p < 0.05$）和自我决断（$\beta = 0.113$，$p < 0.01$）对平衡情感有显著正向预测作用；自我依靠（$\beta = 0.143$，$p < 0.05$），自我控制（$\beta = 0.198$，$p < 0.001$）对主观幸福感有正向预测作用；自我依靠（$\beta = 0.143$，$p < 0.01$）和自我控制（$\beta = 0.295$，$p < 0.001$）对学校适应有正向预测作用见表 3-6-16。

表 3-6-16  自主对生活满意、平衡情感、主观幸福感及学校适应的预测指标

|  | 步骤 | $\Delta R^2$ | $\Delta F$ | B | SE | $\beta$ | t |
|---|---|---|---|---|---|---|---|
| 生活满意 | 第一步 | 0.008 | 3.355* | | | | |
| | 性别 | | | −0.682 | 0.514 | −0.055 | −1.328 |
| | 年龄 | | | 0.314 | 0.137 | 0.095 | 2.289* |
| | 第二步 | 0.115 | 18.466*** | | | | |
| | 自我主张 | | | 0.074 | 0.064 | 0.071 | 1.149 |
| | 自我依靠 | | | 0.166 | 0.068 | 0.139 | 2.439* |
| | 自我控制 | | | 0.288 | 0.070 | 0.195 | 4.111*** |
| | 自我决断 | | | 0.041 | 0.075 | 0.024 | 0.554 |
| 平衡情感 | 第一步 | 0.010 | 2.984 | | | | |
| | 性别 | | | 0.124 | 0.156 | 0.033 | 0.793 |
| | 年龄 | | | 0.095 | 0.042 | 0.094 | 2.267* |
| | 第二步 | 0.123 | 20.088*** | | | | |
| | 自我主张 | | | 0.052 | 0.019 | 0.165 | 2.668** |
| | 自我依靠 | | | 0.030 | 0.021 | 0.082 | 1.435 |
| | 自我控制 | | | 0.048 | 0.021 | 0.107 | 2.253* |
| | 自我决断 | | | 0.060 | 0.023 | 0.113 | 2.637** |
| 主观幸福感 | 第一步 | 0.013 | 3.680* | | | | |
| | 性别 | | | −0.559 | 0.591 | −0.039 | −0.945 |
| | 年龄 | | | 0.409 | 0.158 | 0.107 | 2.588** |
| | 第二步 | 0.148 | 24.569*** | | | | |
| | 自我主张 | | | 0.126 | 0.073 | 0.106 | 1.731 |
| | 自我依靠 | | | 0.196 | 0.077 | 0.143 | 2.544* |
| | 自我控制 | | | 0.335 | 0.079 | 0.198 | 4.243*** |
| | 自我决断 | | | 0.101 | 0.084 | 0.050 | 0.232 |
| 学校适应 | 第一步 | 0.007 | 1.922 | | | | |
| | 性别 | | | −0.660 | 0.595 | −0.046 | −1.108 |
| | 年龄 | | | 0.266 | 0.159 | 0.069 | 1.672 |
| | 第二步 | 0.187 | 33.698*** | | | | |
| | 自我主张 | | | 0.114 | 0.071 | 0.096 | 1.607 |
| | 自我依靠 | | | 0.196 | 0.075 | 0.143 | 2.603** |
| | 自我控制 | | | 0.503 | 0.077 | 0.295 | 6.486*** |
| | 自我决断 | | | 0.006 | 0.083 | 0.003 | 0.070 |

### 3.3.5  人际依赖的中介作用分析

根据已有的研究和表 3-6-15 相关分析、表 3-6-16 回归分析结果，可以假设人际依赖在自主与生活满意、平衡情感、主观幸福感、学校适应之间存在中介作用，如图 3-6-10 所示。人际依赖是二阶因子，将母亲依赖、父亲依赖和同伴依赖作为人际依赖（潜变量）的三个指标。传统回归分析

的一个前提假设是自变量不存在测量误差，需要对每个因变量进行逐一计算，而在结构方程模型中则允许自变量和因变量包含测量误差，且可以同时对多个因变量及因子间关系进行分析，在假设潜变量间关系的基础上估计模型与数据的拟合程度。采用 AMOS17 统计软件建立结构方程模型，检验假设模型的拟合程度。为了确定模型的拟合度，选取了 SRMR、RMSEA 等统计指标。

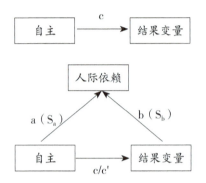

**图 3-6-10　人际依赖在自主与结果变量间的中介作用模型**

### 3.3.5.1　人际依赖在自主与生活满意间的中介作用

为了检验人际依赖在自主与生活满意间的中介作用，本研究将建立完全中介 M Ⅰ（见图 3-6-11），部分中介模型 M Ⅱ（见图 3-6-12）及修正后的部分中介模型 M Ⅲ-1（见图 3-6-13）。M Ⅲ-1 是基于模型 M Ⅱ，减少了自我主张→生活满意，自我依靠→生活满意，自我决断→生活满意路径后形成的。通过模型比较，最终确定一个与数据拟合且相对节俭的获胜模型。

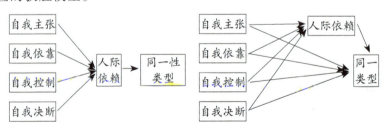

**图 3-6-11 完全中介模型（M Ⅰ）　图 3-6-12 部分中介模型（M Ⅱ）**

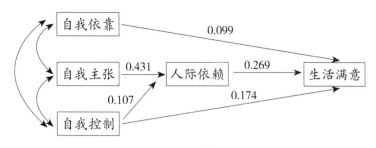

图 3-6-13　M Ⅲ-1 路径图

通过嵌套模型卡方原则比较，可发现完全中介模型 M Ⅰ 和部分中介模型 M Ⅱ 的差异显著（$\Delta\chi^2 \Delta\mathrm{d\,f}=6.1885$，$p<0.05$）。因而取拟合较优且相对复杂的模型 M Ⅱ，修正后 M Ⅲ-1 与 M Ⅱ 的差异十分显著（$\Delta\chi^2=1.995$，$\Delta\mathrm{d\,f}=0$）。由表 6-2-17 看出 M Ⅱ 的各项拟合指标已经比较理想，仅 $\chi^2/\mathrm{d\,f}$ 为 3.186 > 3.0。根据简约原则，删除回归系数不显著（$p<0.05$）的路径形成 M Ⅲ-1，在各项拟合指标上均有改善，除了 SRMR 略有增加，但小于 0.08。综合拟合指标和理论构想，本研究选择接受 M Ⅲ-1，M Ⅲ-1 的拟合指标 $\chi^2/\mathrm{d\,f}$ 为 2.986，RMSEA 为 0.059，SRMR 为 0.0369、CFI、NNFI、NFI、IFI 等拟合指数均大于 0.95。

表 3-6-17　自主与生活满意：人际依赖中介效应的结构模型比较

| | $\chi^2$ | d f | $\chi^2/\mathrm{d\,f}$ | RMSEA | SRMR | CFI | NNFI | NFI | IFI |
|---|---|---|---|---|---|---|---|---|---|
| MⅠ | 56.613 | 14 | 4.044 | 0.072 | 0.0448 | 0.966 | 0.932 | 0.956 | 0.966 |
| M Ⅱ | 31.859 | 10 | 3.186 | 0.061 | 0.0335 | 0.983 | 0.951 | 0.975 | 0.983 |
| M Ⅲ-1 | 29.864 | 10 | 2.986 | 0.059 | 0.0369 | 0.983 | 0.964 | 0.975 | 0.983 |

由图 3-6-13 可见，自主三个维度和人际依赖对生活满意具有正向影响，其中人际依赖的直接效应为 0.269，自我依靠直接效应为 0.099；自我控制对生活满意既有直接作用，也有间接作用，其直接效应为 0.174，其间接作用是通过人际依赖的部分中介发生的，间接效应为 0.029，占自我控制总效应的 14.3%；自我主张对生活满意只有间接作用，即自我主张通过人际依赖的完全中介影响生活满意，其间接效应为 0.116。从总体效应看，自主对生活满意的直接效应大于间接效应。

### 3.3.5.2　人际依赖在自主与平衡情感间的中介作用

为了检验人际依赖在自主与平衡情感间的中介作用，建立完全中介 M I（见图 3-6-11），部分中介模型 M II（见图 3-6-12）以及修正后的部分中介模型 M III-2。M III-2 是基于模型 M II，减少了自我主张→平衡情感，自我依靠→平衡情感，自我依靠→人际依赖，自我控制→人际依赖，自我决断→平衡情感路径后形成的。通过模型比较，最终确定一个与数据拟合且相对节俭的获胜模型。

通过嵌套模型卡方原则比较，可发现完全中介模型 M I 和部分中介模型 M II 的差异显著，Δχ²Δdf=6.987，p < 0.05），因而取拟合较优且相对复杂的模型 M II，由表 3-6-18 看出 M II 的各项拟合指标已经比较理想。根据简约原则，删除回归系数不显著（p < 0.05）的路径形成 M III-2，尽管修正后 M III-2 与 M II 的差异十分显著（Δχ²=6.835，Δdf=0），但是在模型他拟合指标上 χ²/df，RMSEA 和 SRMR 没有下降反而升，CFI、NNFI、NFI、IFI 等拟合指数却下降。重新检视 M II 与 M III-2 的各项参数，结合表 3-6-16 中回归分析，发现自我主张对平衡情感有直接影响，结构方差模型需要保留路径自我主张→平衡情感，而自我依靠对平衡情感没有直接影响，但是可能存在间接影响，所以结构方差模型需要删除路径自我依靠→平衡情感，保留路径自我依靠→人际依赖，修正后形成 M III-2-1（见图 3-6-14），结果发现 M III-2-1 的各项拟合指标比 M II，M III-2 更优化。

表 3-6-18　自主与平衡情感：人际依赖中介效应的结构模型比较

| | $\chi^2$ | df | $\chi^2/df$ | RMSEA | SRMR | CFI | NNFI | NFI | IFI |
|---|---|---|---|---|---|---|---|---|---|
| MI | 57.316 | 14 | 4.094 | 0.073 | 0.0496 | 0.965 | 0.931 | 0.955 | 0.966 |
| M II | 29.368 | 10 | 2.937 | 0.058 | 0.0352 | 0.985 | 0.957 | 0.977 | 0.985 |
| M III-2 | 36.203 | 10 | 3.620 | 0.067 | 0.0504 | 0.968 | 0.933 | 0.957 | 0.968 |
| M III-2-1 | 33.460 | 12 | 2.788 | 0.056 | 0.0396 | 0.983 | 0.960 | 0.974 | 0.983 |

重新修正后的模型 M III-2-1 中自我主张→平衡情感的效应值 β 由 0.090 增加到 0.99，达到显著（p < 0.01），并保留了两条回归系数没有达到显著但有边界效应的路径，如自我依靠→依赖（β=0.109，p=0.081），自我控制

→平衡情感（β=0.090，p=0.051），从而保持了模型的平衡（见图3-6-14）。
M Ⅲ-2-1 拟 合 指 标 χ²/d f 为 2.788，RMSEA 为 0.056. SRMR 为 0.0396，
CFI、NNFI、NFI、IFI 等拟合指数均大于 0.95。

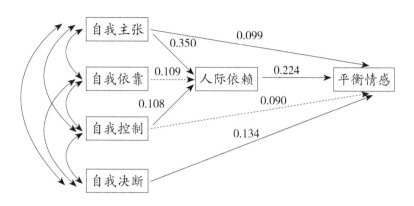

**图 3-6-14　M Ⅲ-2-1 路径图**

由图 3-6-14 可见，自主和人际依赖对平衡情感具有正向影响，其中人
际依赖的直接效应为 0.224，自我决断的直接效应为 0.134；自我主张和自我
控制对平衡情感既有直接作用，也有间接作用，其直接效应分别为 0.099，
0.090，其间接作用则是通过人际依赖的部分中介发生的，自我主张间接效应
为为 0.078，占其总效应的 44.1%，自我控制间接效应为 0.024，占其总效应
的 21.1%；自我依靠对平衡情感只有间接作用，即自我依靠通过人际依赖的
完全中介影响平衡情感，其间接效应为 0.024。从总体看自主对平衡情感的直
接效应大于间接效应。

### 3.3.5.3　人际依赖在自主与主观幸福感间的中介作用

为了检验人际依赖在自主与主观幸福感间的中介作用，建立完全中介
M Ⅰ（见图 3-6-11），部分中介模型 M Ⅱ（见图 3-6-12）及修正后的部分中
介模型 M Ⅲ-3。M Ⅲ-3（见图 3-6-15）是基于模型 M Ⅱ，减少了自我主张→
主观幸福感，自我决断→主观幸福感，自我依靠→人际依赖，自我决断→人际
依赖路径后形成的。通过模型比较，最终确定一个与数据拟合且相对节俭的获
胜模型。

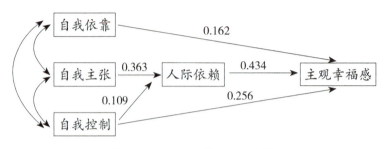

图 3-6-15　M Ⅲ-3 路径图

通过嵌套模型卡方原则比较，可发现完全中介模型 M Ⅰ 和部分中介模型 M Ⅱ 的差异显著，$\Delta \chi^2 \Delta df = 8.561$，$p < 0.05$），因而取拟合较优且相对复杂的模型 M Ⅱ。由表 3-6-19 看出 M Ⅱ 的各项拟合指标已经比较理想。根据简约原则，删除回归系数不显著（$p < 0.05$）的路径形成 M Ⅲ-3（见图 3-6-15）。修正后 M Ⅲ-3 与 M Ⅱ 的差异显著（$\Delta \chi^2 \Delta df = 5.209$，$p < 0.05$），达到了模型的优化。M Ⅲ-3 的拟合指标 $\chi^2/df$ 为 2.663，RMSEA 为 0.054. SRMR 为 0.0373，CFI、NNFI、NFI、IFI 等拟合指数均大于 0.95。

表 3-6-19　自主与主观幸福感：人际依赖中介效应的结构模型比较

| | $\chi^2$ | df | $\chi^2/df$ | RMSEA | SRMR | CFI | NNFI | NFI | IFI |
|---|---|---|---|---|---|---|---|---|---|
| MI | 79.403 | 20 | 3.970 | 0.072 | 0.0504 | 0.959 | 0.924 | 0.945 | 0.958 |
| M Ⅱ | 45.159 | 16 | 2.822 | 0.056 | 0.0354 | 0.979 | 0.953 | 0.969 | 0.979 |
| M Ⅲ-3 | 39.950 | 15 | 2.663 | 0.054 | 0.0373 | 0.981 | 0.964 | 0.970 | 0.981 |

由图 3-6-15 可见，自主三个维度和人际依赖对主观幸福感具有正向影响，其中人际依赖的直接效应为 0.434，自我依靠直接效应为 0.162；自我控制对主观幸福感既有直接作用，也有间接作用，其直接效应为 0.256，其间接作用是通过人际依赖的部分中介发生的，间接效应为 0.047，占自我控制总效应的 15.5%；自我主张对主观幸福感只有间接作用，即自我主张通过人际依赖的完全中介影响主观幸福感，其间接效应为 0.158。从总体效应看，自主对主观幸福感的直接效应大于间接效应。

### 3.3.5.4　人际依赖在自主与学校适应间的中介作用

为了检验人际依赖在自主与主观幸福感间的中介作用，建立完全中介 M Ⅰ（见图 3-6-11），部分中介模型 M Ⅱ（见图 3-6-12）以及修正后的部分中介模型 M Ⅲ-4。M Ⅲ-4（见图 3-6-16）是基于模型 M Ⅱ，减少了自我主张→学校适应，自我决断→学校适应，自我依靠→人际依赖，自我决断→人际依赖路径后形成的。通过模型比较，最终确定一个与数据拟合且相对节俭的获胜模型。

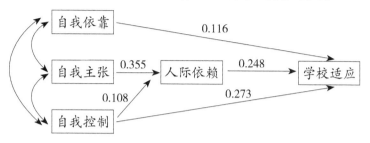

**图 3-6-16　M Ⅲ-4 路径图**

通过嵌套模型卡方原则比较，可发现完全中介模型 M Ⅰ 和部分中介模型 M Ⅱ 的差异显著（$\Delta \chi^2 \Delta df$=15.134，$p < 0.05$），因而取拟合较优且相对复杂的模型 M Ⅱ。由表 3-6-20 看出 M Ⅱ 的各项拟合指标已经比较理想。根据简约原则，删除回归系数不显著（$p < 0.05$）的路径形成 M Ⅲ-3（见图 3-6-16）。修正后 M Ⅲ-4 与 M Ⅱ 的差异显著（$\Delta \chi^2$=2.528，$\Delta df$=0），达到了模型的优化。M Ⅲ-4 的拟合指标 $\chi^2/df$ 为 2.358，RMSEA 为 0.048，SRMR 为 0.0364，CFI、NNFI、NFI、IFI 等拟合指数均大于 0.95。

**表 3-6-20　自主与学校适应：人际依赖中介效应的结构模型比较**

| | $\chi^2$ | df | $\chi^2/df$ | RMSEA | SRMR | CFI | NNFI | NFI | IFI |
|---|---|---|---|---|---|---|---|---|---|
| M Ⅰ | 86.643 | 14 | 5.974 | 0.093 | 0.0556 | 0.946 | 0.893 | 0.937 | 0.947 |
| M Ⅱ | 26.106 | 10 | 2.611 | 0.053 | 0.0334 | 0.988 | 0.965 | 0.980 | 0.988 |
| M Ⅲ-4 | 23.578 | 10 | 2.358 | 0.048 | 0.0364 | 0.989 | 0.976 | 0.981 | 0.989 |

由图 3-6-16 可见，自主三个维度和人际依赖对学校适应具有正向影响，其中人际依赖的直接效应为 0.248，自我依靠直接效应为 0.116；自我控制对学校适应既有直接作用，也有间接作用，其直接效应为 0.273，其间接作用是通过人际依赖的部分中介发生的，间接效应为 0.027，占自我控制总效应的 0.09；自我主张对学校适应只有间接作用，即自我主张通过人际依赖的完全中介影响学校适应，其间接效应为 0.09。从总体效应看，自主对主学校适应的直接效应大于间接效应。

# 4 小结

（1）IPPA 大学生版三个子量表均达到测量学标准，修订后的母亲依赖、父亲依赖和同伴依赖三个因素与 Armsden 和 Greenberg 的 IPPA 一致，可以作为成年初期人际依赖的测量指标。

（2）自主对弥散性、排他型、延缓型和成就型预测作用显著，解释率依次为 15.3%，6.3%，3.4%，12.7%。其中，自我控制、自我决断对弥散型有显著负向预测作用；自我依靠、自我决断对排他型有显著负向预测作用；自我依靠对延缓型有正向预测作用，而自我决断对延缓型有负向预测作用；自我主张和自我依靠对成就型有正向预测作用。

（3）对弥散型而言，自主、母亲依赖或父亲依赖均有负向影响；自我控制和自我决断对弥散型有直接影响，自我控制还可以通过母亲依赖部分中介的间接影响弥散型；自我主张则要么通过母亲依赖的完全中介间接影响弥散型，要么通过父亲依赖的完全中介间接影响，总体而言，自主对弥散型的间接作用要小于直接作用。

（4）年龄、人际依赖对排他型有直接影响，自主对排他型既有直接影响，也有间接影响；直接影响是负向的，但受人际依赖的影响，间接影响变成正向的；自主的直接效应绝对值明显高于间接效应。具体而言，自主依靠和自我决断直接影响排他型；自主主张通过人际依赖间接影响排他型；自我控制则需要通过母亲依赖间接影响排他性。

（5）成就型是心理成熟指标，年龄、人际依赖对成就型均有直接正向影响。自主对成就型既有正向的直接影响也有正向的间接影响，即自主主张和自我依靠直接影响心理成熟；自我主张还可以通过人际依赖间接影响心理成就；自我控制则通过母亲依赖间接影响心理成熟。

（6）自主对生活满意、平衡情感、主观幸福感、学校适应预测作用显著，解释率依次为 11.5%，12.3%，14.8%，18.7%。其中，自我依靠、自我控制对生活满意有显著正向预测作用；自主主张、自我控制和自我决断对平衡情感有显著正向预测作用；自我依靠，自我控制对主观幸福感有正向预测作用；

自我依靠和自我控制对学校适应有正向预测作用。

（7）自主和人际依赖对生活满意具有正向影响。自主的影响更复杂，其中自我依靠对生活满意有直接影响；自我控制对生活满意既有直接影响，也有间接影响，即通过人际依赖的部分中介发生；自我主张通过人际依赖的完全中介间接影响生活满意。从总体效应看，自主对生活满意的直接效应大于间接效应。

（8）自主和人际依赖对平衡情感具有正向影响。自主的影响更复杂，其中自我决断的直接影响平衡情感；自我主张和自我控制对平衡情感既有直接作用，也有间接作用，其间接作用则是通过人际依赖的部分中介发生的；自我依靠通过人际依赖的完全中介间接影响平衡情感，从总体效应看，自主对平衡情感的直接效应大于间接效应。

（9）自主和人际依赖对主观幸福感具有正向影响。自主的影响更复杂，其中自我依靠是直接影响；自我控制既有直接作用，也可以通过人际依赖的部分中介间接影响主观幸福。自我主张通过人际依赖的完全中介间接影响主观幸福感。从总体效应看，自主对主观幸福感的直接效应大于间接效应。

（10）自主和人际依赖对学校适应具有正向影响。自主的影响更复杂，其中自我依靠直接影响学校适应；自我控制对学校适应既有直接作用，也可以通过人际依赖的部分中介发生的间接影响学校适应；自我主张通过人际依赖的完全中介影响学校适应，从总体效应看，自主对主学校适应的直接效应大于间接效应。

# 第四部分  综合讨论

## 1  文化心理学视野下的自主

自主的概念在西方源远流长，被认为是根植于西方个人主义文化中的基本概念；但从人的社会化角度看，自主又是人类的一种普遍行为，理解和把握自主的内涵都离不开文化的视角，因为人类的心理功能都来自符号中介的经验。文化心理学旨在说明个体时如何依照特定的目标、价值观和世界观进行思考和行动，因此采取民族志学的研究方法（ethnographic methods）而不是跨文化的研究方法（Shweder et al.，2009）。文化心理学认为传统的跨文化比较方法是把在一个文化中确立的方法和程序应用到另一个文化，难以摆脱西方心理学的"文化殖民主义"倾向；文化心理学主张通过文化内的生活风格和交往方式来分析心理与文化的内在关系（叶浩生，2004），也就是从文化内部成员的角度来理解他们的言行举止、并在他们的共享的意义框架下予以解释。本研究将中国大学生作为在中西文化碰撞下成长起来的一个特殊群体，从他们的视角审视集体主义文化背景中的"自主"是如何被建构的。

### 1.1  东西方文化中自主的异同

本研究发现在个人主义——集体主义语义尺度上，自主（M=4.43）的含义不太清楚。采用聚类分析证实了集体主义文化中自主不包含个体化语义丛，如"分离""疏远""独自""单干""孤僻""叛逆""自我中心"等，这与夏凌翔和黄希庭（2007）的研究结果一致。夏凌翔，黄希庭在比较自主与自立的语义区别时，发现中国公民的"自主"在"个人英雄""孤僻"和"疏远"等个人主义文化特征不明显。本研究随后通过迫选法对比中西大学生的自主特点，发现大学生眼中的西方自主是以"自由""独立"和"有个性"为核心，中方的自主以"自律""自强"和"负责"为核心。这可能反映集体主义文化中自主具有不同于个人主义文化中的含义，进一步的文献分析支持了这一推论。

自主的概念在西方文化中非常重要，总是以不同的方式被解释，但是从来没有被明确定义。西方发达国家（西欧、北美）的文化是个体主义的，个体主义价值观强调个体，鼓励个性、独立和自我实现，所以文献中用来解释自主的词很多，常见的有：①自我统治（self-government）、自我支配（self-rule）、自我管理或自我调节（self-regulation）、自我拥护（self-advocacy）；②自我定义（self-definition）、清晰的自我感（clearer sense of self）、作为个体的存在感（the existence of an organism as an individual）、分离-个体化（separation- in-dividuation）、独立（independence）；③自我依靠（self-reliance）、自我照顾（self-care）、自立（self-supporting）、自我指导（self-direction）；④自我主宰（self-authorship）、自我决定（self-determination）、主动的主体（active agency）等（Spear & Kulbok, 2004；Deci & Ryan, 1987；夏凌翔、黄希庭、吴波, 2008；陈雪莲, 2010）。Agich（1993）、Spear 和 Kulbok（2004）认为西方文化中最有影响力的自主模式是自由选择和自由行为的个人自由主义观点（individualist-liberalview）。威斯康星大学哲学系和教育政策系教授Harry Brighouse在讨论西方教育哲学传统时也指出，自主概念的重要性在于它是构成现代社会各式各样自由主义的基石（张奇峰, 2009）。

中国文化被认为是集体主义取向的，集体主义价值观强调集体，看重社会规范、相互依赖和人际和谐。尽管自主一词来自西方，但是中国文化不缺乏与自主相近的词，如自理、自奋、自疆、自新、自拔、自救、自告奋勇、自强不息、自力更生、自给自足、自食其力、自动自发等。杨中芳（1991）认为中国人崇尚自奋自发自强；何友晖回顾了中国社会养育文化，指出中国人的社会教化中心观念是"对冲动的约束"。杨中芳总结为"自制"、"去私"，为了帮助一个人"克己复礼"，超越"个己"，达到自己与社会融合一体的最高境界；"自立自强"，鼓励每个人从"自己"开始，依靠"自己"，朝修养"道德自己"的方向不懈前进。

然而，中国大学生的自主并不排斥"自由"，在语义表中 M=2.57。说明集体主义文化自主与个人主义文化中的自主也存在共同性。语义分析还发现，中国大学的自主也包括"独立"（M=2.11）、"有主见"（M=2.07）、"积极"（M=2.09）、"主动"（M=2.11）、"自觉"（ M= 2.23）、"有个性"（ M= 2.49）、"自愿"（ M=2.57）等。对自主的内容分析（见研究二）发现，无论是自主定义还是典型自主行为，中国大学生的自主中都包含了"有主见""独立""积极""主动""自觉自愿"等含义，自主的内容分析还发现中国学生认为自主包括"自我决定""自我选择""自我主宰""自我表达""自我控制"等含义，这些与文献中个人主义文化中的自主含义一致。

## 1.2　自立不能代替自主

自立是中国本土文化中与自主最接近的词，自主与自立在语义上是否区别是本研究的关键问题。采用相同的语义量表，发现自主与自立的语义非常接近，自立强调"负责""自强""有主见"。但在核心内涵上两者有三对语义差异达到显著，即"自律""有主见"和"自信"。大学生认为自立的人比自主的人更有主见，更自信，但是在"自律—他律"语义尺度上，自主（M=2.20）与自立（M=5.99）分属两级，自立中"他律"的内涵突出，很可惜，国内夏凌翔、黄希庭的自立研究并未探讨这一问题。本研究认为自立中"他律"的含义可能与中国社会非常强调成家立业是自立的重要标志，而当代青年人结婚买房的成本较高，即自立的社会成本过高，给青年人造成压迫感；中国大学生将自主作为心理成熟的重要标志，经济和社会方面的独立不是自主的关键（李祚山，2007；戚昕，2007），中国大学生看重的是对任性冲动的控制，为达成目标的自我约束，即自律。

夏凌翔，黄希庭，吴波（2008）在比较了自立与自主概念之后，指出两者有本质的不同。具体表现为：第一，自立与自主的功能不同。自立是帮助个人解决基本的生存与发展问题的人格因素，强调个体对自然与社会环境的适应；自主则是让个体独立、自由与有权利的人格因素。第二，与自主相比，自立有明显的人伦道德特征与社会联结特色，自立比自主更强调人际和谐与相互依赖。综合已有的研究，本研究认为尽管自主与自立所涉及的方面基本一致，内涵也非常接近，但是两者还是本质不同的概念，集体主义文化中自立不能替代自主。

## 1.3　自主的泛文化性

自主不是个人主义文化独有的心理概念，集体主义文化中同样存在自主。对自主的理解离不开文化的影响，当集体主义与个人主义作为对立两极时，集体主义文化中的自主被质疑。因为个人主义的核心原则是在认识论上首先认识个体是分离的，本质上非社会的。自我是个体的意义中心，它根植于一系列内部属性，如能力、才能、个人特质、偏好、主观感觉状态和态度。随着科学技术和全球经济一体化发展，集体主义与个人主义逐渐去极化，纯粹的个体主义和纯粹的集体主义都很少，所有社会和个体中都存在集体主义和个体主义（Brewer & Gardner，1996；Killen & Wainryb，2000；Oyserman，Coon，& Kemmelmeier，2002）。

在此背景下，越来越多的研究者认为自主具有跨文化性，如Turiel（2002）认为，个体要求独立于群体的自主要求是普遍存在的，而不仅仅是个体文化的特征。Bugental 和 Grusec（2006/2009）指出自主是人类行为的一个特征，从婴儿、儿童、青少年发展成为独立的个体，能够自己做决定并指导自己的行为是人类社会共同的要求。本研究采用语义特征分析，内容分析以及内隐联结测验研究自主，结果发现中国大学生的自我核心图式中，"我"与"自主"

紧密联系在一起，与 Yau 和 Smetana（1996）、杨国枢（2004）、陆洛（2007）研究可以相互印证，即在中西文化碰撞中，中国大学生不仅有自主自主的需求，而且有独立自主的行为。这也从一个侧面证实了自主是人类的一种普遍行为。

不同文化背景中自主的核心内涵有所不同。Shweder 等（2006/2009）认为，强调相互依赖的文化中人们并不缺少将自己作为发动行为的主体感，相互依赖需要高度的自我控制、自律，以及调整自己以适应各种人际关系的技能。这里控制主要指向破坏人际交往平衡状态的个人愿望、目标或情绪。Bugental 和 Grusec（2006/2009）回顾儿童社会化的文献后指出，儿童社会化成功不仅需要与父母形成的积极关系，而且需要儿童愿意接受父母的指示。儿童的这种意愿很重要，表明行为是自我控制的或自主的。Ryan 和 Deci（2000），Chirkov 等人（2003）指出，只有当个体感到他们是自愿发起行为且完全认可这些行为时，个体才体验到自主性。自主的个体不等于个体化或独立的人，自主的行为方式也不是独立、分离、自私；和自主相对也不是依赖，而是他律（heteronomy），受和自己价值观或兴趣不同的他人控制而被迫做出选择。这种自愿发起某种行为、接纳某种立场的自主就是"反映型自主"（reflective autonomy），Bugental 和 Grusec（2006/2009）认为这种类型的自主适合集体主义文化，即便是服从，只要是个体意愿的或接纳的，都可以促进个体化和社会化；而拒绝他人影响或压迫，否认权威及追求自由，寻求独立的自主就是反应型自主（reactive autonomy），这种类型的自主更适合个人主义文化，Bao 和 Lam（2008）对中国青少年的实证研究支持了这一观点。由此可以推测不同文化中都存在两种类型的自主。

自主可能具有双元性。前苏联心理学家伊·谢·科恩（1986）指出自主有两个尺度：第一个尺度描述个体的客观状况、社会环境，是指相对于外部强迫和外部控制的独立、自由、自决和自主支配生活的权利与可能；第二个尺度是对主观现实而言，是指能够合理地利用自己的选择权利，有明确目标，坚忍不拔和有进取心。自主的人能够认识并且善于确定自己的目标，不仅能够成功地控制外部环境，而且能够控制自己的冲动。受杨国枢"华人双文化"的启发，吴志文（2008）提出双元自主并在中国台湾青少年中验证，而Koestner 和 Losler（1996）自主两类型是在美国大学生中验证，从这个角度看自主的双元性可能是泛文化存在的，不同文化中两种类型自主所占的比重可能是不同的。这是需要进行跨文化比较研究进一步验证的。

概而言之，本研究认为集体主义文化中存在自主，不等同于个人主义文化中的自主，也不等同于集体主义文化中的自立，具有独特的内涵，即集体主义文化中的自主是基于对冲动的约束，以自律为核心，以自立自强为手段，自觉主动承担责任，达到人与社会环境的和谐。

## 2  自主多维结构的验证

本研究为 Hmel 和 Pincus（2002）提出的构想提供了实证支持，即存在一个一般的自主结构，而且还是多维的。在验证过程中，本研究处理了以下三个问题。

### 2.1  关于一般自主与领域自主的划分

夏凌翔，黄希庭和吴波（2007）在总结西方有关自主结构的研究后，支持西方学者是从两个角度进行自主结构划分的，一个角度是自主所涉及的心理因素，如认知、情感、行为、能力、态度、动机和价值观等；另一个角度是自主所涉及的个人活动领域，如家庭、安全、道德、个人事务和人际交往等。前者是一般自主，后者则是领域自主。凌辉和黄希庭（2006）基于对 6 ～ 12岁的自立行为的内容分析结果，提出自立是二级结构，由一般自立和领域自立构成。

本研究认为自主是个复杂概念，应该综合两个角度建构自主的结构，但是在探索过程中否认了成年初期领域自主的设想。主要受以下两方面因素影响：

（1）本研究采用开放问卷调查典型自主行为时，发现大学生报告的典型自主行为主要集中在 18 岁以下或上大学前，涉及成年初期的典型自主行为很少。109 名被试者，要求每个被试者报到 3 ~ 5 条典型自主行为，至少应该收集到 327 条记录，但实际收到只有 97 条 17 ~ 25 岁的典型自主行为。就符合要求的报告进一步分析，发现大学生的典型自主行为有三大特点：一是过于集中某些具体事件上，如"独立完成作业""一个乘车去上学等""自己选择专业 / 学校"等；二是与社会成熟等同，如找工作、恋爱、离家等；三是抽象，与定义几乎一致，如"做一些自己未来的计划，自觉地去实施行动"。

（2）在编制成年初期自主的正式问卷时，本研究强制性加入了一些来自内容分析中的典型自主行为，如"离开父母（或家乡），我一个人乘车到大学报到"；"我曾经一个人坐车到一个陌生而遥远的城市或地方"；"在学习和个人发展方向上，我能够为自己做主。"结果这些项目虽然因子载荷不错，但是不能与其他条目聚合成维度。从探索性因数分析删除的项目来看，具体领域的自主项目均被删除，如"如果没有人帮助，我很难决定自己要买些什么。""我把自己的生活安排得井井有条"。

由此可见，成年初期的自主反映的是一般自主而非领域自主，小组的开放式访谈也支持了这一点。

## 2.2 关于个人自主和人际自主的划分

从理论上讲，自主既是个人内的过程也是人际间的过程，国内夏凌翔和黄希庭（2008）将青少年自立分成个人自立与人际自立两个方面，是个比较理想的构想，本研究在形成自主的初始问卷时，借鉴了这一做法，在自主的三个一级维度下又划分出二级维度，个人内与人际间。但在具体划分时出现困难，特别是自我主张中的项目，如"我依靠自己的经验和思考做出决定，而不是被他人所左右"，"不管别人怎么看怎么说，我会坚持自己的目标"，"对人或事我有自己的见解，不是人云亦云"。探索性因素分析时发现无论是三因子还是其他多因子模型，都不支持个人内和人际间的划分。鉴于本研究的重点在自主的一级维度验证上，因此放弃对个人自主与人际自主的划分。

## 2.3　自主结构由三维到四维的修正

本研究根据已有的文献研究假设成年初期自主是三维结构，由自我主张、自我依靠和自我控制组成。但是最后验证的是四维结构，其中多出了一个维度是"自我决断"。这里主要是对自我主张维度进行了修正。

在自主维度建构中自我主张被定义为"根据个人的信念、意愿和价值观，支配自己的行动，自己决定。与此相反的行为是被动，从众，没有主见，不能自我决断。"自主定义和行为的内容分析中自我主张都包含自我决定（自主定义中是 7.87%，自主行为中是 5.07%）。但内容分析中自我主张的比重相对其他两个维度过大（自主定义中占 56.70%，自主行为中占 46.08%）。因此，在因素分析中一分为二是合理的，调整后的自主主张内涵缩小了，重新定义为"人生目标明确，遇事有主见，能够自己拿主意；对自己也有清醒的认识"，而第四个维度命名为"自我决断"，其含义是"对自己充满信心，能够为自己做决定，行为果断而坚定"。这也说明中国大学生的自主中确实包括自我决定、自信等含义，是对语义研究的一种补充。

# 3　自主的本质是什么

自主被认为是西方个人主义文化中的精髓，心理学对自主的研究理论和范式都来自西方学者。随着心理学对西方心理学的反思，对哲学的回归，自主作为一种更为普遍的人类行为被认识和理解。基于前面的研究，本研究认为将自主作为主体的心理机能，才能整合自主的多领域，跨文化的研究，把握自主的本质。

## 3.1　自主是主体的心理机能

自主作为人参与社会世界的一种心理机能，离不开人们对自我的认识。已有文献中将自主作为自我的功能与运行机制，以区别自我概念（陆洛，2003）。在西方文献中自我是个体的意义中心，拉丁语中"个体"的意思是不可分割和整体。从认识论上讲，个人主义的核心原则就是个体是分离的、本质上是非社会的。在个人主义的框架里，自我就被假定为客体，儿童发展的核心任务就是认识到他 / 她与他人（养育者）是分离的，并且它他 / 她能自主地、有效地控制自己的行为。Markus & Kitayama（1991）称为"独立我"，人被看作是有界限的、统合的、稳定的、自主的，以及自由之实体，寓居于个体之内，且相信每个人的属性结构都具有整体性与分离性。由此可以理解分离或个体化是自主最核心的意义，精神分析和新精神分析理论强烈而持久的影响着青少年自主的研究，至今青少年期被认为是自主发展的关键期，与父母的分离过程是研究者关注的焦点（Collins & Steinberg，2006/2009）。

在文献中我们看到自主是被"情感自主""行为自主""态度自主""个人自主"或"自主期望"等所替代，尽管实证研究丰富（Collins & Steinberg，2006/2009），但是都无法将自主整合为一个统一的概念。根据 Beck（1983）的抑郁认知模型，自主是一种导致抑郁发展的易感因素（vulnerability factor），因为高自主的个体在自由、能动性和个体性方面有过多的个人投入，往往对感受到威胁他们价值观的事物非常敏感；当遭受失败、遇到阻碍或其他感受到的对自主的限制时，他们就变得易于出现独特的抑郁症候群。Beck 的观点影响了很多后来的研究者，这导致文献中自主的积极意义与消极意义混杂，自主也成为很难把握的一个概念。也有研究对 Beck 的观点提出了质疑（Hmel & Pincus，2002；Ryan，2005）。Ryan 和 Deci 提出"自主支持"（autonomy support）的概念来修正，Checkering 和 eisser（1993）将"相互依赖（interdependence）"作为自主发展的最高阶段。这些转变与当前心理学对"关系自我"的认识及对西方心理学研究范式的反思是一致的。

受后现代主义的影响，西方对自我认识从实体自我转向关系自我，自我不再是精神实体存在的一个内核，自我本身就是关系中建构与发展（施铁如，2004）。人个体需要与他人进行交流互动，人才能从婴儿发展为一个独立的个体，能够自己做决定并指导自己的行为，才能从生物实体变成有意义的实体——人，即社会世界的被试者（Miller，1994）。而近些年来，心理学界对西方心理学自然科学化倾向和实验传统进行了反思和批判，指出现代心理学是没有主体、没有整体人的心理学，提供了大量关于人的心理局部的和零碎的知识（史民德，1998）。受后现代主义和心理学研究的生态化的影响，越来越多的学者建议要把心理学重新拉回到主体上来，从主体出发研究人的心理，因为主体才是人的心理现象和心理特征、个性特点的载体（史民德，1998）。越来越多的研究者对自主的理解开始向哲学回归。

1999 年，由密苏里大学和华盛顿大学哲学系发起了一次关于自主概念的讨论，在这次会上出现了与传统的自主概念对立的一种对自主概念的新的理解，即自主是在一定的合理社会标准下的自主，不能完全脱离社会、脱离人所处的具体环境来孤立地谈自主，提出要从社会、从人与人的关系的角度探讨自主的问题。马衍明（2009）在哲学中对自主的概念做了一个梳理，发现在亚里士多德的《政治学》中人能够控制主宰自己是"自主"的关键要素；在康德实践理性领域中人是自主的，人能自己决定自己，从而能够真正实现自己的目的性；只有马克思为人的自主性的来源寻找到了坚实的社会根基，自主是超越外在因素的支配和控制，体现出人之为人的主体性，使社会关系、交往条件与个人相适应等。科学的理解自主，必须回到人是主体这一根本上来。

俄罗斯心理学家布鲁什林斯基认为主体本质上是个体自我表现、自我调节的方式，是随时调节实现活动内外的条件的方式，是所有心理过程、状态、特性及个体实现活动的主客观目标、要求和任务所表现的能力、潜能及组织的坐标中心。自主是主体的人的内在规定性，是人所具有的主体特性之一（主体性包括自主性、能动性、创造性）（郑发祥、史湘琳，2005）。无论是谈自主活动还是要谈个体自主，都要结合人的主体性来看。自主的活动从根本上来说就是活动中的人的自主（马衍明，2009）。

人是具有高水平的能动性、整体性（系统化）和自主的主体，而作为主体的人有绝对整体性，无条件地具有自由、自我发展的权利，这一认识突破西方心理学将自主局限在"自我"狭小的实体中，意味着人在高水平上最大个别化，表现自己动机，能力和心理组织的特点，也就是自主、独立性。"自主是主体的心理机能"这一认识，有利于削减集体主义—个人主义的对立、个体化—社会化的对立、主体—客体的对立，也符合中国文化对"我"的整合性认识。这样我们才能理解自主为什么会成为社会、教育的核心目标，我们才能将认知、行为和价值自主整合，将内隐自主与外显自主、自主的结构与动力过程整合起来理解。

## 3.2　内隐自主与主体心理的意向性

人的心理实际上具有自主性或者主导性，而不是被动的过程，也不是任意被决定的过程，这种自主性或主导性就是通过意向性实现的（葛鲁嘉，2005），Ryan（2005）认为自主行为是一个人意志所认可的行为，在那些由自我发起和调节的行动中，他就感到自己是"整体的""连续的""行动的主人"。Franken（2005）认为自主是获得能与任何行动相伴随的意志感。

价值自主预示未来内隐自主的研究方向。Douvan 和 Adelson（1966）最早提出自主有三种类型：情感自主、行为自主和价值自主。已有的实证研究基于自陈法和他评法的焦点集中在情感自主和行为自主，对价值自主鲜有实证研究。相对于前两者，价值自主更为内隐，是指独立世界观的形成与发展。对大学生的开放调查也发现，中国大学生认为自主应是有自己明确的人生目标或价值（占 3.23%）。国内外研究者都认为自主是个复杂的概念（Spear & Kulbok，2004；Collins & Steinberg，2006/2009；夏凌翔、黄希庭、吴波，2008），仅用自陈法研究自主的内涵，显然是无法揭示其复杂性的，而对价值自主的研究可能需要借助内隐研究范式。

本研究对内隐自主的研究不是从价值自主角度出发，而是从文化的角度做了初步探索内隐自主。首先考察集体主义文化背景中的大学生是否存在自主，以"我"为启动词的内隐联结测验证实中国大学生中的自我图式中确实存在自主；其次是发现内隐联结测验获得内隐自主与基于问卷法获得的外显自主是彼此独立的，但是内隐自主究竟包含什么，还需要进一步的研究。

本研究发现中国大学生对自主的理解存在一些矛盾的地方，主要体现：

①在中国大学生的自主语义中不包含个体化语义丛,如"分离""疏远""独自""单干""孤僻""叛逆""自我中心"等,但是在请大学生做中西比较时,"孤僻"被认为中国大学生自主的突出特征,排第二位;②对正式问卷的探索因素分析中,发现与"自由""个人兴趣""敢于表达"及"自我主宰"有关的项目被删除,相对表达温和,个性不张扬的项目则被保留,但开放式调查中大学生又认为自主定义是包含自我主宰(3.15%,自我决定 7.87%);自主行为是包含"自我决定做某事"(5.07%)、"能够表达自己的想法或意见"(2.76)。杨中芳(1991)认为中国人有"求同""怕壮"的心理,蔡华俭(2002)认为受中国人谦虚文化的影响,中国的内隐自尊与外显自尊不一致,佐斌和张阳阳(2006)也指出中国的自我具有人际性和隐蔽性的特点,但不能认为中国没有主动提高自我的动机,即自我增强( self - enhancement,或者"自我放大")。虽然在集体主义文化背景中"自由"和"有个性"都不被鼓励,但是不能否认中国内心过程没有这些的追求,像魏晋竹林七贤和唐代诗人李白就被中国人广为推崇。鉴于如此,有关中国自我适合采用多样化的研究方法(郑和钧、郑卫东,2007),内隐自主研究只是对中国人自我的一个初步探索。

## 3.3 自主是在日常生活中建构的

主体心理生活不是一个静止的实体,而是个体经验在与现实生活相互交融中不断地演变和发展。然而现代心理学为了实现科学化目的,追求普遍的心理机制,往往将心理学主体与生活世界割裂开。要把自主作为主题的心理机能研究,就需要将研究视野从关注人的心理现象转而关注人的心理生活,赋予心理现象以意义、以价值、以情感、在人的心理生活世界中寻找人性之本真(孟维杰,2007)。

Spear 和 Kulbok(2004)指出,自主被认为是一种人类渴求独立和做出决定的自由的愿望状态,是包括多种水平的交互作用和成长( growth)的动力过程( dynamic process)。Collins 和 Steinberg(2006/2009)指出,对已有自主的研究偏重将自主作为一种结果，对自主作为过程的研究证实不够。研究者在评估个体的自我调节能力或其他独立功能时，常常忽略这样一个事实：自主性（无论是情绪的，还是行为的和认知的）的展示总是发生在人际环境中（Nucci，1996；Collins 和 Steinberg，2006/2009；夏凌翔、黄希庭、吴波，2008）。基于自主的活动观，即个体的自主性是在活动中建构的，本研究不采用他评法或假设的两难情境法，而是采用日常经验法来研究自主的过程性，以期突破结构研究的局限，更接近真实的概念。与传统心理学观点不同的是这种方法关注日常活动，将生活作为一个多面的系统，在多个场景下研究课题，突出研究问题在真实生活中而非逻辑上的表现，具有显著的生态效应价值。

Ryan 和 Connell（1989）提出了一个相对自主指数（RAI）。RAI 被视为是不同动机类型的标志，当 RAI 是负数时，绝对值越大说明所代表的动机类型越受控；而 RAI 是正数时，绝对值越大说明所代表的动机类型越自主。由于 RAI 与单个分量表的分数相比，更能清晰地反映出个体行为动机的相对自主程度，因而得到了更为广泛的应用（Grolnick & Ryan，1989；Niemieca，Lynchb，Vansteenkiste，Deci，& Ryan，2006）。Reis 等人（2000）率先采用事件追随记录研究日常自主（daily autonomy），是"个人为中心"而非"变量为中心"的比较整合的方法，为研究自主的过程性提供了思路。本研究学习借鉴这一研究范式，研究发现中国大学生的 RAI 是动态，不同于日常关系和日常幸福感，周末效应明显，研究支持了自主的周末效应（Koestner & Losier，1996；Reis，Sheldson，Gable，Roscoe & Ryan，2000；胡婷，2008）。

总而言之，自主是主体的心理机能，是主体对自己心理生活的主导或主宰，是主体与主体之间在生活、交往和其他能动性形式中建构并发展的一种心理机能。基于这一认识，本研究尝试用内隐联结测验和日常经验法对自主进行研究，以期回应自主是作为主体的内在规定性，需要用多种方法来理解其复杂性和整合性。

# 4 成年初期自主的发展特点

## 4.1 成年初期自主的年龄特点

本研究采用自编成年初期自主问卷研究大学生自主的发展特点。本研究采用年龄而不是年级为发展指标是基于两点：①国外成年初期研究多用年龄而非年级；②实际调查发现大学生在同一年级的年龄跨度大，一般 3～5 岁差距。受我国高校扩招及高考放宽年龄限制等影响，大学生同年级异质性在增大。

本研究调查结果显示（见表 3-5-3 和图 3-5-1），自主随着年龄非线性增长，成年初期大学生 23 岁自主水平最高。23 岁是成年初期大学生自主水平的最高峰是本研究首次发现，不排除有取样偏差的因素，也可能是调查工具的问题，但这还是一个有意义的发现。在我国按照 12 年中小学，4 年大学的学制，23 岁应该是大学毕业进入职业市场的年龄，根据 Modell，Furstenberg 和 Hershberg（1976）的标准，23 岁以后的大学生自主水平应更高。但是本研究在 2011 年 3 月份采集数据，基本没有收集到大四毕业生的数据。已有数据中 23 岁年龄组共 122 人，人数分布分别为大一 1 人，大二 5 人，大三 34 人，研究生 82 人，其中研究生占 67.2%。从取样的代表性看，23 岁的自主水平更多代表着研究生的水平，与 24 岁和 25 岁的研究生相比，23 岁的自主水平仍然是最高。由此可以看到，尽管大学生 23 岁时没有进入职业市场，但刚经历过人生重要阶段比没有经历过的或经历过的人，体验到更多的自主，因为自主感定位高低与人生面临的挑战密切相关，当人处于一种对独立自主有更高要求的情境中，就会更多表现出独立行事的能力；而许多研究生是为了延缓就业而选择读研，相当于获得一个合法的心理成熟延缓期，他们的自主感会有所下降，本研究在团体访谈中也证实了这一点。

## 4.2  成年初期自主在性别、是否独生子女上的差异

国内外自主的研究得出比较一致的结论，即男生的自主水平相对比较高。本研究以中国大学生为被试者也证实了这一点。不仅在外显自主水平上男生高于女生，而且内隐自主和日常生活中的自主水平（RAI）也是男生高于女生。有研究分析这与社会养育文化有关，父母倾向给予男孩更多的自主权限有关（Bumpus，et al.，2001），比较值得注意的是，不同文化中都显示出这种性别差异。

也有研究者发现，10～16岁青少年中认知自主上升最明显，性别差异显著，却是女生高于（Steinberg，1990）。本研究对18～25岁大学生研究也发现，女生并不是自主所有的维度上都低于男生，如在自我控制方面女生高于男生，但是差异没有达到显著。

独生子女是中国特有的政策，本研究假设独生子女政策有利于独立自主的发展，进一步考察了是否独生子女和性别的交互作用，结果发现在自主的各维度上均不在交互作用，独生子女存在主效应，非独生子女在自主各维度及总分上均高于独生子女，说明成年初期的自主水平与独生子女无关。国内关于独生子女的研究缺乏一致的结论，本研究只是一个初步探索，还需要今后进一步研究来证实。

## 4.3  成年初期自主与社会成熟不同步

人类学和社会学认为青少年向成年过渡，不仅有生物性过渡、认知过渡，还有社会性过渡，成为社会的一个成年成员伴随着责任感、独立性和自由度方面的变化，对自主性的发展也有影响，因为在向成人过渡的青少年被允许在很多人生的重要方面做出自己的决定（Scott & Woolard，2004）。这里的社会性过渡，也就是社会成熟。

Arnett（2000）提出，将成年初期（emerging adult）作为一个发展中的一个独特阶段来研究，是因为在人口统计学、主体性和同一性探索方面这一时期都有很突出的过渡性。判断一个青年是否成熟，传统的成人标准是建立稳

定的居所、完成学业、职业选择和训练、婚姻或长期的恋爱伴侣，但是年轻人主观感受到的成人不是这些标准，最关键标准是承担他们的责任，独立做出决定和经济上变得独立，成为父母（Arnett，1997，1998，2000；Greene，Wheatley，& Aldava，1992）。国内研究也发现大学生认为成熟最重要的标准是心理成熟，然后是经济、规范、家庭这 3 个与社会成熟密切相关的标准（戚昕，2007）。鉴于国内对成年过渡阶段的研究较少，而大学生自我报告典型自主行为时，常把社会成熟与自主行为混淆。本研究借助 Cohen 等人（2003）对 17 ～ 27 岁成年初期的追踪研究，对成年过渡阶段的划分，尝试探讨中国大学生的自主发展与社会成熟是否一致。

离家居住，结婚为人父母和有固定工作经历是北美成年初期社会成熟过渡的最重要指标（Modell，Furstenberg & Hershberg，1976），鉴于我国大学生的的状况与此有所不同，本研究尝试做了一些修正，即将离家居住调整为离家累积住校时间，并根据时间长短，划分了 6 个小阶段，离家住校时间越长代表社会成熟水平越高。结果发现，离家住校情况与自主水平高低无关。将结婚为人父母调整为是否有恋爱及性经历，从无恋爱、正常恋爱、早恋到有性经历（包括同居与结婚）划分了 4 个小阶段，假定恋爱越早、有性经历，社会成熟水平越高；将固定工作经历调整为是否有固定打工经历，从无，偶有打工到有固定兼职划分了 3 个阶段，假定有固定兼职的，社会成熟水平最高，比如偶有打工的大学生自主水平最高。

本研究与国外研究一致的结果是成年初期过渡性发展是非线性，呈现出复杂性。本研究与 Cohen 等（2003），Kin 等（2009）对国外成年初期的年轻人结果不同，主要是欧美地区青年人社会性过渡差异比我国大学大，比如青年人在成年初期就有独立居住、为人父母或有工作经历的比率较高，而我国大学生在这三方面所占比率较少。再如，在离家居住方面，本研究尽管划分了多个阶段，但是在欧美国家可能就属于同一阶段，Goldscheider & DaVanzo（1986）定义为半自主（semiautonomy）的居住，适合那些离家因上大学的青年人，他们平时住学校公寓，周末还可以回家与父母同住；他们虽然离开父母，但是还没有承担独立生活的责任，是介于独立居住和与父母合住之间的状态。本研究的"离家居住"所有分组都相当于国外研究一种情况，属于组内差异，因此差异不显著。这也反映因国情不同，不同地区青年社会性过渡特点可能不同。

本研究发现偶有打工经历的大学生的自主水平最高。国内关于打工兼职经历与大学生心理发展的影响研究较少，而国外受雇佣对青少年心理社会发展的影响却是一个研究焦点（Mortimer & Staff，2004）。Mortimer 和 Staff 回顾了这一领域的研究后认为受雇佣经历对青少年的心理社会影响是非连续性的，工作时间长短比工作类型对青少年的影响大。相关调查研究比较一致的结果是大学生每周工作时间过长，会产生一些消极结果，比如青少年容易逃学、学校认同感差、学习成绩差等；而关于打工兼职会增加青少年的责任感方面，没有得出一致的结果。国内李祚山（2007）调查发现，大学生实现经济自立的背景以解决经济困难而不是赚取零用钱或锻炼能力为主要动机。笔者在多年的大学生心理咨询实践中发现，尽管打工兼职可以让大学生获得经济收入，但大学生对打工兼职性质的不同认识可能导致不同的体验。如果出于赚取零用钱或锻炼能力偶尔为之，大学生感到是收获与新奇，可以提升自我主宰感；如果出于解决经济困难，大学生在固定兼职中获得经济自立的同时可能增加了责任感与束缚感，而削减了愉悦感。本研究是对成年初期大学生心理发展的一个初步探索，对于工作经历与自主的关系还需要进一步研究来证实。

总体而言，本研究结果发现中国大学生成年初期自主发展的特点，而且自主发展与社会成熟并不一致。至于自主发展与社会成熟出现的不一致还需要进一步研究来证实。这有两种可能，一种可能是本研究对成年过渡阶段的划分是错误的，不能反映社会成熟；另一种可能是中国大学生自主确实与社会成熟不同步，这都需要进一步研究来证实。

# 5 成年初期自主的优化发展

已有文献中自主的发展既有积极意义也有消极意义。受精神分析的影响，情感自主对分离的强调，导致自主研究中消极影响比较突出。而现在也有许多发展心理学家倾向于认为保持人际联系的同时也没有失去自主性的自我观（autonomous view of self）（Blatt & Blass's，1996）。Ryan（2005）认为自主是人类身心健康成长的"养分"。Chickering 和 Reisser（1993）认为自主的发展包括情绪独立、工具独立和相互依赖三个阶段。在建立亲密关系方面良好的发展意味着深度的分享与开放，成熟的人际关系应从过度依赖或孤独支配朝向把彼此独立，相互依赖，即拥有自主性的人际关系，才可能度过危机、距离、分离等考验，建立长期性承诺关系。从理论上讲，人际依赖是健康自主的优化发展机制。

相对自主消极影响的研究，积极影响的实证研究单薄了许多，既有的实证研究多根据自我决定理论展开的相关研究，但是自我决定理论没有将"自我决定"和"人际依赖"作为两个独立的概念进行探讨，Deci 和 Ryan 提出"自主支持"概念，认为自主的发展离不开父母的支持，这个概念虽然肯定了人际依赖与自主的关系，却使得自主与人际依赖成为两个不纯净的概念，这也局限了实证研究的深入。恰如 Spear 和 Kulbok（2004）对自主进行概念分析后所言，对自主的研究理论远远多于实证。本研究尝试为自主的优化发展提供实证支持。

## 5.1 人际依赖作为自主发展的中介变量

文献中自主与人际依赖是相互作用的，共同影响了青少年的社会性发展。国外研究主要探讨了两者在社会适应、心理健康中相关或主效应，受依恋理论和自主决定的影响，也有研究将自主作为依恋类型或自主支持的中介，几乎没有研究探讨自主与人际依赖互为中介，可能是受统计分析方法的局限。目前国内既有将自主作为人际依赖与学习能力、社会适应的中介研究（李彩娜，et al.，2010；陈雪莲，2010），也有将联结性（人际依赖）作为在行为自主、情绪自主与社会适应关系的中介研究（陆芳，2011）。本研究的焦点是自主，因此选择自主为自变量，人际依赖为中介变量。

人际依赖，有些文献中可能是成人依恋或依赖类型，或是亲子关系，但本研究将同伴依赖也纳入其中。鉴于与成年初期的大学生同伴关系占据越来越重要的位置，也因为家庭以外的人际关系对青少年独立性发展影响是研究的一种趋势（Collins，et al.，1997；Collins & Laursen，2004），本研究认为成年初期的人际依赖需要综合考虑父母依赖和同伴依赖。因此选择Armsden & Greenberg（1987）根据Bowlby的依恋理论编制而成《父母、同伴依赖问卷》（The Inventory of Parent and Peer Attachment，IPPA）作为人际依赖指标，该问卷既可以将母亲依赖、父亲依赖和同伴依赖整合为人际依赖，也可以将人际依赖分成母亲依赖、父亲依赖和同伴依赖来逐一考察。

## 5.2 人际依赖在自主与心理成熟间的中介作用

Arnett（1998）对成年初期青年人的调查，发现青年人成熟的标准是依据心理标准而不是社会标准，"独立做出决定"就是其中重要的标准之一。本研究在开放调查中请大学生用Likert5点量表自评自主水平和心理成熟程度，结果发现两者相关在0.499。本研究进一步以自我同一性状态客观测量的标准化量表（EOM-ELS-2）作为心理成熟的指标（郭金山，车文博，2004），探讨自主与心理成熟之间的关系。自我同一性划分为四种类型，即弥散性、排他型、延缓型和成就型，其中成就型代表心理成熟最高水平，弥散型的心理成熟水平最低，排他型是心理早闭，属于假性心理成熟，而延缓型介于成就型与排他型之间。本研究发现自主对自我同一性的四种类型都有预测作用，其中对弥散型和成就型的预测力分别为15.3%和12.7%，明显高于延缓型（3.4%）和排他型（6.8%），但是不是每个维度的预测作用都显著。除了延缓型，通过人际依赖的中介作用，自主的某些维度可以间接影响自我同一性。

对于弥散型而言，大学生自主控制和自我决断水平高，则弥散型心理不成熟程度就会降低，与母亲或父亲关系越好，心理不成熟程度也会降低；自我控制还可以通过母亲依赖，间接影响降低心理不成熟程度，自我主张则通过母亲依赖或父亲依赖完全中介才能降低心理不成熟程度。同伴依赖则没有起到中介作用，但在心理成熟水平高的排他型和成就型中，同伴依赖可以和父母依赖共同发挥影响。

对于排他型而言，大学生的自我依靠和自我决断水平高，则排他型假性成熟水平低，但是人际依赖水平高，假性成熟也高；人际依赖的中介作用会改变自主对排他型的影响方向，使自主对排他型的影响变得复杂。自我主张水平高，人际关系水平好，假性成熟程度也高；如果大学生与母亲关系好，自我控制水平越高，则假性成熟的水平也越高。但是这些影响是微弱的，特别相对年龄而言。对排他型而言，年龄有直接作用，即年龄越大，假性成熟的程度也越高。

对于成就型而言，自主主张和自我依靠水平高，心理成熟水平高；人际关系好，心理成熟水平也高；而且自我主张还可以通过人际依赖间接影响心理成熟；自我控制则通过母亲依赖间接影响心理成熟。说明自主、人际依赖可以共同起作用影响心理成熟水平，而与母亲依赖越好，可以增加自我控制对心理成熟的影响，本研究支持了 Blatt 和 Blass（1996）等人的观点，即保持人际联系的同时也没有失去自主性的自我观（autonomous view of self）。但是不能夸大自主、人际依赖对心理成熟的影响，因为年龄也可以直接影响心理成熟，这是人的自然成熟。

## 5.3 人际依赖在自主与心理健康、学校适应间的中介作用

本研究将主观幸福感作为心理健康的指标，学校适应作为社会功能指标。这里没有选择社会适应是基于两点考虑：一是社会适应中包含人际关系，与人际依赖在概念上有重叠部分；二是基于对大学生心理疾病患者临床调查，心理疾病患者在学校和专业满意度上普遍较低，学校适应状况差，学校适应可能更反映大学生的社会功能水平。

自主对心理健康、学校适应积极的正向作用，预测力分别为 14.8%，18.7%。但不是自主的维度作用都达到显著，人际依赖对心理健康、学校适应也有积极正向作用，自主通过人际依赖的完全中介作用可以增大对心理健康、学校适应的影响；而且母亲关系良好，可以让自主的四个维度都对平衡情感发挥作用。说明自主与人际依赖是共同作用影响心理健康和学校适应。本研究在自主的过程研究中，采用日常经验法，也证实日常自主（RAI），是通过日常亲密感的部分中介作用而正向影响幸福感。两种研究方法的结论一致，说明自主和人际依赖对心理健康有积极的影响。本研究的结果与国外相关的研究结果（Noom，Dekpvic & Meeus，1999；Reis，Sheldon，Gable，& Ryan，2000；Chirkov，Ryan，Kim，& Kaplan，2003）一致。

总而言之，自主、人际依赖共同作用积极影响成年初期大学生的心理成熟、心理健康和学校适应，人际依赖的优化作用主要体现在使更多的自主维度通过其完全中介发挥影响。本研究可以作为健康自主发展的实证支持。

# 6　本研究的创新与不足之处

## 6.1　本研究的创新

第一，本研究以成年初期的青年为对象，将自主的研究从青少年拓展到成年初期，延展自主的研究年龄阶段；

第二，本研究跨理论、多方法系统探索集体主义文化中自主的内涵、结构及其发展规律，对集体主义文化背景中自主研究是一种充实，为自主作为一种人类普遍行为提供了佐证；

第三，本研究将自主的研究从个体转向为主体，最终界定为主体的心理机能，从而廓清了自主诸多的歧义与矛盾，达到了概念的整合。

## 6.2　本研究的不足及进一步探讨的问题

第一，自主语义表有局限。语义分析是探索概念内涵的重要方法，但是语义表制定过程中如何选词的问题，以及如何评价语义表的信效度，是一个值得探讨的问题。受研究者水平的局限，有些问题本研究选择了回避。比如，在自主语义表的制定过程中采用开放问卷调查，大学生报告了一些高频词，如"果断""冷静""成熟"等，但文献中较少见；还有研究者（杨中芳，1991）提出，中文中"自制"比自立更贴近"自主"，是对冲动的克制，但是"自制"与"自律"的含义又非常接近，在语义上区分有相当的难度。

第二，本研究虽然采用文献法、语义法和内容分析等方法探讨了集体主义文化中自主独特性，提出了集体主义文化中自主是以"自律""自强"和"负责"为核心，不同于西方个人主义文化中自主以"自由""独立"和"有个性"为核心，但是没有进行跨文化比较，在方法学上还存在不足，本研究只能视为自主跨文化研究的前期准备。

第三，成年初期自主的发展特点是以大学生为研究对象，本研究发现大学生群体自主水平与社会成熟不一致，有可能是取样的偏差。如果将研究对象扩展到 18 ～ 25 岁非大学生群体，可能成年初期自主特点会有所不同，23 岁的自主高峰可能不会出现。

第四，本研究证实了人际依赖在自主与心理成熟、心理健康和学校适应中的中介作用，但是人际依赖、自主对心理成熟、心理健康和学校适应的预测力并不高，有研究指出能力对心理成熟、心理健康也有重要的影响，将自主、关系和能力作为人的三个基本需要，它们共同作用影响人的健康与发展。今后的研究需要重视能力在其中的影响。

# 第五部分　结论

　　本研究以成年初期（18 ～ 25 岁）3203 名大学生为研究对象，跨理论、多方法探索了自主的内涵、发展特点和相关因素，主要结论如下：

　　1. 中国大学生的自主内涵具有独特性。本研究采用语义分析法、内容分析和内隐联结测验对 1058 名 18 ～ 25 岁的大学生调查研究结果显示，中国大学生的自我图式中存在自主，自主的核心内涵是"自律""自强""负责"，既不同于西方个人主义文化中自主以"自由""独立""有个性"为核心；也不同于中国文化中自立的含义以"他律"为核心。

　　2. 自主是一个多维结构，在主体的活动中呈现出复杂性，既有内隐性，也有动态性。本研究采用内容分析、问卷法、内隐联结测验和日常经验法对 1042 名 18 ～ 25 岁大学生的调查结果表明，成年初期的自主是四维结构，由自我主张、自我依靠、自我控制及自我决断组成。自编成年初期自主问卷共有 20 个项目，具有较好的信度和效度，符合测量学的要求，适合测量成年初期的自主行为。中国大学生的外显自主与内隐自主是相对独立的，中国大学生有些自主特征可能以更隐蔽的方式表现；在日常生活中，中国大学生的自主主要受内在动机支配，自主水平是波动的，周末效应显著；日常自主（RAI）、日常关系能够正向预测日常幸福感，而且日常自主还可以通过日常关系中介作用间接影响日常幸福感。

　　3. 成年初期自主水平随年龄而增长，男生自主水平高于女生，非独生子女自主水平高于独生子女，且自主水平与社会成熟不一致。本研究采用自编成年初期自主问卷对 941 名 18 ～ 25 岁大学生的调查研究结果显示，成年初期自主总体上随着年龄的增长而增长，并在 23 岁达到自主水平的高峰；成年初期男生自主水平总体高于女生，性别差异显著；成年初期非独生子女的自主水平总体高于独生子女；成年初期过渡阶段离家住校时间长短，恋爱状况对成年初期自主水平总体上无影响；有无兼职经历对成年初期自主有显著影响，其中偶有打工经历的大学生自主水平高于没有兼职经历和有固定兼职经历的大学生。总体上，我国成年初期大学生的自主发展与社会成熟不一致。

4. 成年初期自主对心理成熟、心理健康和学校适应有正向预测作用，人际依赖在其中起中介作用。本研究采用自编成年初期问卷、修订后的父母和同伴依赖问卷（IPPA 大学生版）、修订后自我同一性问卷（EOM–ELS–2 中文版），主观幸福感（SWLS 和 PANA）、学校适应（SAS），调查了 1103 名 18 ～ 25 岁大学生，路径分析结果显示，成年初期的自主对成就型（心理成熟类型）有正向预测作用，对排他型、弥散型（心理不成熟类型）有负向预测作用，人际依赖在自主与成就型、弥散型中起积极中介，但在自主与排他型中起消极中介作用；成年初期自主、人际依赖对主观幸福和学校适应都有正向预测作用，自主还可以通过人际依赖的中介间接影响主观幸福和学校适应。

# 参 考 文 献

Agich, G. J. （1993）. Autonomy and long-term care. USA.Oxford University Press.

Allen, J. P., Hauser, S. T., Bell, K. L., & O'Connor, T. G. （1994a）. Longitudinal Assessment of Autonomy and Relatedness in Adolescent - Family Interactions as Predictors of Adolescent Ego Development and Self - Esteem. Child development，65（1），179-194.

Allen, J. P., Hauser, S. T., Eickholt, C., Bell, K. L., & O'Connor, T. G. （1994b）. Autonomy and relatedness in family interactions as predictors of expressions of negative adolescent affect. Journal of Research on Adolescence, 4( 4), 535-552.

Allen, J .P., Land, D. （1999）.Attachment in adolescence. In Cassidy J., Shaver P. R. （eds.）. Handbook of attachment: Theory, research, and clinical applications （pp.319-335）. New York: Guilford Press.

Allen, J. P., Marsh, P., McFarland, C., McElhaney, K. B., Land, D. J., Jodl, K. M., et al. （2002）. Attachment and autonomy as predictors of the development of social skills and delinquency during midadolescence. Journal of Consulting and Clinical Psychology，70（1），56-66.

Allen, N. B., de L Horne, D. J., & Trinder, J. （1996）. Sociotropy, autonomy, and dysphoric emotional responses to specific classes of stress: A psychophysiological evaluation. Journal of Abnormal Psychology, 105（1）, 25– 33.

Allport, G. W. （1937）. Personality: A psychological interpretation. New York: Holt, Rinehart., & Winston.

Anderson, R. A., Worthington, L., Anderson, W. T., & Jennings, G. （1994）. The development of an autonomy scale. Contemporary family therapy, 16（4）, 329–345.

Ardila–Rey, A., & Killen, M. （2001）. Middle class Colombian children's evaluations of personal, moral, and social–conventional interactions in the classroom. International Journal of Behavioral Development, 25（3）, 246–255.

Armsden, G. C., & Greenberg, M. T. （1987）. The inventory of parent and peer attachment: Individual differences and their relationship to psychological well– being in adolescence. Journal of Youth and Adolescence, 16（5）, 427–454.

Arnett, J. J. （1998）. Learning to stand alone: The contemporary American transition to adulthood in cultural and historical context. Human Development, 41 （5–6）, 295–315.

Arnett, J. J. （2000）. Emerging adulthood: A theory of development from the late teens through the twenties. American Psychologist, 55（5）, 469–480.

Bakan, D. （1966）. The duality of human existence: An essay on psychology and religion. Boston: Beacon Press.

Bao, X.–h., & Lam, S.–f. （2008）. Who Makes the Choice? Rethinking the Role of Autonomy and Relatedness in Chinese Children's Motivation. Child Development, , 79（2）, 269 – 283.

Barber, B. K. （1996）. Parental psychological control: Revisiting a neglected construct. Child development, 67（6）, 3296–3319.

Baron, R. M., & Kenny, D. A. （1986）. The moderator – mediator variable distinction in social psychological research: Conceptual, strategic, and statistical considerations. Journal of Personality and Social Psychology, 51（6）, 1173–1182.

Baumeister, R. F., Bratslavsky, E., Muraven, M., & Tice, D. M. （1998）. Ego depletion: Is the active self a limited resource? Journal of Personality and Social Psychology, 74（5）, 1252–1265.

Baumrind, D. （1978）. Parental disciplinary patterns and social competence in children. Youth & Society, 9（3）, 239–276.

Beck, A., Epstein, N., Harrison, R., & Emery, G. （1983）. Development of the Sociotropy–Autonomy Scale: A measure of personality factors in psychopathology. Unpublished manuscript, University of Pennsylvania, Philadelphia.

Bekker, M. H. J., & Belt, U. （2006）. The role of autonomy–connectedness in depression and anxiety. Depression and Anxiety, 23（5）, 274–280.

Belsky, J., Steinberg, L., & Draper, P. （1991）. Childhood experience, interpersonal development, and reproductive strategy: An evolutionary theory of socialization. Child development, 62（4）, 647–670.

Beyers, W., & Goossens, L. （1999）. Emotional autonomy, psychosocial adjustment and parenting: Interactions, moderating and mediating effects. Journal of Adolescence, 22（6）, 753–769.

Beyers, W., & Goossens, L. （2003）. Psychological separation and adjustment to university: Moderating effects of gender, age, and perceived parenting style. Journal of Adolescent Research, 18（4）, 363–382.

Blatt, S. J., & Blass, R. B. （1996）. Relatedness and self definition: A dialectic model of personality development. In G. G. Noam & K. W. Fischer（Eds.）, Development and vulnerabilities in close relationships（pp. 309–338）. Hillsdale,

NJ: Erlbaum.

Blos, P. （1967）. The second individuation process of adolescence. Psychoanalytic study of the child, 22, 162–186.

Brandstädter, J.（2009）. 人类发展的行动观（李蓓蕾, 赵晖译）. In W. Damon, R. M. Lerner（Series Eds.）, & R. M. Lerner（Vol.Ed）. 儿童心理学手册（卷一）：人类发展的理论模型（pp602–609）. 上海：华东师范大学出版社.（原著出版年：2006）

Brewer, M. B., & Gardner, W. （1996）. Who is this" We"? Levels of collective identity and self representations. Journal of Personality and Social Psychology, 71（1）, 83–93.

Brinich, P. M., & Shelley, C.（2008）. 自我与人格结构（李波译）. 北京：北京大学医学出版社.（原著出版年：2002）

Bronfenbrenner, U. （1979）. Contexts of child rearing: Problems and prospects. American Psychologist, 34（10）, 844–850.

Brown, B. B., Clasen, D. R., & Eicher, S. A. （1986）. Perceptions of peer pressure, peer conformity dispositions, and self–reported behavior among adolescents. Developmental Psychology, 22（4）, 521–530.

Buchanan, C. M., Eccles, J. S., & Becker, J. B. （1992）. Are adolescents the victims of raging hormones? Evidence for activational effects of hormones on moods and behavior at adolescence. Psychological Bulletin, 111（1）, 62–107.

Bugental, D. B., & Grusec, J. E.（2009）. 社会化过程（陈雪莲, 范翠英译）. In W.Damon, R.M.Lerner （Series Eds.）, & N.Eisenberg （Vo3.Ed）. 儿童心理学手册（卷三）：社会、情绪与人格发展（pp409–441）. 上海：华东师范大学出版社.（原著出版年：2006）

Bumpus, M. F., Crouter, A. C., & McHale, S. M. （2001）. Parental autonomy granting during adolescence: Exploring gender differences in context. Developmental Psychology, 37（2）, 163–173.

Byrnes, J. P., Miller, D. C., & Schafer, W. D.（1999）. Gender differences in risk taking: A meta-analysis. Psychological Bulletin, 125（3）, 367–383.

Cardol, M., Jong, B. A. D., & Ward, C. D.（2002）. On autonomy and participation in rehabilitation. Disability & Rehabilitation, 24（18）, 970–974.

Chickering, A. W., & Reisser, L.（1993）. Education and identity（2nd ed.）.Jossey–Bass San Francisco.

Chirkov, V., Ryan, R. M., Kim, Y., & Kaplan, U.（2003）. Differentiating autonomy from individualism and independence: A self–determination theory perspective on internalization of cultural orientations and well–being. Journal of Personality and Social Psychology, 84（1）, 97–110.

Cohen, P., Kasen, S., Chen, H., Hartmark, C., & Gordon, K.（2003）. Variations in patterns of developmental transmissions in the emerging adulthood period. Developmental Psychology, 39（4）, 657–669.

Collins, W. A., Gleason, T., & Sesma Jr, A.（1997）Internalization, autonomy, and relationships: Development during adolescence. Parenting and children's internalization of values:A handbook of comtemporary theory （p. 439）. Hoboken, NJ, US: John Wiley &Sons.Inc.

Collins, W. A., & Laursen, B.（2004）. Parent–adolescent relationships and influences. In R. Lerner & L.Steinberg（Eds.）, Handbook of adolescent psychology（2nd ed.）（pp. 331–362）. New York: Wiley.

Collins, W. A., & Repinski, D. J.（2001）. Parents and Adolescents as Transformers of Relationships: Dyadic Adaptations to Developmental Change. Leuven, The Netherlands: Garant Publisher.

Collins, W. A., & Steinberg, L.（2009）.人际情境中的青少年发展（刘丽丽等译）. In W. Damon, R. M. Lerner（Series Eds.）, & N. Eisenberg（Vo3. Ed.）.儿童心理学手册（卷三）：社会、情绪与人格发展（pp1090–1146）.上

海 : 华东师范大学出版社 . ( 原著出版年 : 2006 )

Cook, T. D., Herman, M. R., Phillips, M., & Settersten Jr, R. A. ( 2002 ). Some ways in which neighborhoods, nuclear families, friendship groups, and schools jointly affect changes in early adolescent development. Child development, 73 ( 4 ), 1283–1309.

deCharms, R. ( 1992 ). Personal causation and the origin concept. In J.W. Smith, D.C. McClelland, & J. Veroff ( Ed ). Motivation and personality: Handbook of thematic content analysis. ( pp. 325–333 ). New York : Cambridge University Press.

Deci, E. L. & R. M. Ryan. ( 1985 ). Intrinsic motivation and self-determination in human behavior. New York: Plenum Press.

Deci, E. L., & Ryan, R. M. ( 1987 ). The Support of Autonomy and the Control of Behavior. Journal of Personality and Social Psychology, 53 ( 6 ), 1024–1037.

Deci, E. L., & Ryan, R. M. ( 1991 ). A motivational approach to self: Integration in personality. Paper presented at the Nebraska Symposium on Motiveation.

Deci, E. L., Eghrari, H., Patrick, B. C., & Leone, D. R. ( 1994 ). Facilitating internalization: The self - determination theory perspective. Journal of Personality, 62 ( 1 ), 119–142.

Deslandes, R., Potvin, P., & Leclerc, D. ( 1999 ). Family characteristics as predictors of school achievement: Parental involvement as a mediator. McGill Journal of Education, 34 ( 2 ), 135–153.

Deslandes, R., Potvin, P., & Leclerc, D. ( 2000 ). Links between adolescent autonomy, parental involvement, and school success. Canadian Journal of Behavioral Science, 32 ( 4 ), 208–217.

Diener, E., & Emmons, R. A. ( 1984 ). The independence of positive and negative affect. Journal of Personality and Social Psychology; Journal of Personality and Social Psychology, 47（5）, 1105–1117.

Diener, E., Emmons, R. A., Larsen, R. J., & Griffin, S. （1985）. The satisfaction with life scale. Journal of Personality Assessment, 49（1）, 71–75.

Dornbusch, S. M., Carlsmith, J. M., Bushwall, S. J., Ritter, P. L., Leiderman, H., Hastorf, A. H., et al. （1985）. Single parents, extended households, and the control of adolescents. Child development, 56（2）, 326–341.

Douvan, E., & Adelson, J. （1966）. The adolescent experience.New York :Wiley.

Emmons, R. A. （1991）. Personal Strivings, Daily Life Events, and Psychological and Physical Well - Being. Journal of Personality, 59（3）, 453–472.

Erikson, E. （1968）. Youth: Identity and crisis. New York: Norton.

Fazio, R. H., Sanbonmatsu, D. M., Powell, M. C., & Kardes, F. R. （1986）. On the automatic activation of attitudes. Journal of Personality and Social Psychology, 50（2）, 229–238.

Feldman, S. S., & Quatman, T. （1988）. Factors influencing age expectations for adolescent autonomy: A study of early adolescents and parents. The Journal of Early Adolescence, 8（4）, 325–343.

Feldman, S. S., & Rosenthal, D. A. （1990）. The acculturation of autonomy expectations in Chinese high schoolers residing in two Western nations. International Journal of Psychology, 25（3）, 259–281.

Feldman, S. S., & Rosenthal, D. A. （1991）. Age expectations of behavioural autonomy in Hong Kong, Australian and American youth: The influence of family variables and adolescents' values. International Journal of Psychology, 26 （1）, 1–23.

Feldman, S. S., & Wood, D. N. （1994）. Parents' expectations for preadolescent sons' behavioral autonomy: A longitudinal study of correlates and outcomes. Journal of Research on Adolescence, 4（1）, 45–70.

Flannery, D. J., Torquati, J. C., & Lindemeier, L. A. （1994）. The method and meaning of emotional expression and experience during adolescence. Journal of Adolescent Research, 9（1）, 8–27.

Frank, S. J., Avery, C. B., & Laman, M. S. （1988）. Young adults' perceptions of their relationships with their parents: Individual differences in connectedness, competence, and emotional autonomy. Developmental Psychology, 24（5）, 729–737.

Franken, R. E. （1994）. Human Motivation. Brooks: Cole Publishing Co.

Freud, A. （1958）. Psychological study of the child. Adolescence, 13, 255–278.

Fromm, E. （1941）. Escapefrom freedom. New York: Avon.

Fuligni, A. J. （1998）. Authority, autonomy, and parent‐adolescent conflict and cohesion: A study of adolescents from Mexican, Chinese, Filipino, and European backgrounds. Developmental Psychology, 34（4）, 782–792.

Goldscheider, F. K., & DaVanzo, J. （1986）. Semiautonomy and leaving home in early adulthood. Social Forces, 65（1）, 187–201.

Greenfield, P. M., Keller, H., Fuligni, A., & Maynard, A. （2003）. Cultural pathways through universal development. Annual review of psychology, 54（1）, 461–490.

Greenwald, A. G., & Banaji, M. R. （1995）. Implicit social cognition: attitudes, self–esteem, and stereotypes. Psychological review, 102（1）, 4–27.

Greenwald, A. G., McGhee, D. E., & Schwartz, J. L. K. （1998）. Measuring individual differences in implicit cognition: the implicit association test. Journal of Personality and Social Psychology, 74（6）, 1464–1480.

Grotevant, H. D., & Cooper, C. R. (1985). Patterns of interaction in family relationships and the development of identity exploration in adolescence. Child development, 56 (2), 415–428.

Grusec, J. E., Goodnow, J. J., & Kuczynski, L. (2000). New directions in analyses of parenting contributions to children's acquisition of values. Child development, 71 (1), 205–211.

Haase, C. M., Tomasik, M. J., & Silbereisen, R. K. (2008). Premature behavioral autonomy: Correlates in late adolescence and young adulthood. European Psychologist, 13 (4), 255–266.

Helwig, C. C., Arnold, M. L., Tan, D., & Boyd, D. (2003). Chinese Adolescents' Reasoning About Democratic and Authority - Based Decision Making in Peer, Family, and School Contexts. Child development, 74 (3), 783–800.

Hill, J. P., & Holmbeck, G. N. (1986). Attachment and autonomy during adolescence. Annals of Child Development, 3, 145 – 189.

Hmel, B. A., & Pincus, A. L. (2002). The Meaning of Autonomy: On and Beyond the Interpersonal Circumplex. Journal of Personality, 70 (3), 277–310.

Hodgins, H. S., Koestner, R., & Duncan, N. (1996). on the compatibility of autonomy and relateedness. the Society for Personality and Social Psychology 22 (3), 227–237.

Hoffman, J. A. (1984). Psychological separation of late adolescents from their parents. Journal of Counseling Psychology; Journal of Counseling Psychology, 31 (2), 170–178.

Holmbeck, G. N. (1996). A model of family relational transformations during the transition to adolescence: Parent–adolescent conflict and adaptation.. In J. A. Graber, J. Brooks–Gunn, & A. C. Petersen (Eds.), Transitions through adolescence: Interpersonal domains and context (pp. 167– 199). Mahwah, NJ: Erlbaum.

Hu, L., & Bentler, P. M.（1998）. Fit indices in covariance structure modeling: Sensitivity to underparameterized model misspecification. Psychological methods, 3（4）, 424–453.

Juang, L. P., Lerner, J. V., McKinney, J. P., & von Eye, A.（1999）. The goodness of fit in autonomy timetable expectations between Asian–American late adolescents and their parents. International Journal of Behavioral Development, 23（4）, 1023–1048.

Kagitcibasi, C.（2005）. Autonomy and relatedness in cultural context. Journal of Cross–Cultural Psychology, 36（4）, 403–422.

Kegan, R.（1982）. The evolving self: Problem and process in human development. Harvard Univ. Pr.

Killen, M., & Smetana, J. G.（1999）. Social interactions in preschool classrooms and the development of young children's conceptions of the personal. Child development, 70（2）, 486–501.

Killen, M., & Wainryb, C.（2000）. Independence and interdependence in diverse cultural contexts. New Directions for Child and Adolescent Development, 2000（87）, 5–21.

Kim, K. J., Conger, R. D., Lorenz, F. O., & Elder Jr, G. H.（2001）. Parent‐adolescent reciprocity in negative affect and its relation to early adult social development. Developmental Psychology; Developmental Psychology, 37（6）, 775–790.

Kim, U. E., Triandis, H. C., K ağ it ç iba ş i, Ç. E., Choi, S. C. E., & Yoon, G. E.（1994）. Individualism and collectivism: Theory, method, and applications. Sage Publications, Inc.

Koestner, R., Gingras, I., Abutaa, R., Losier, G. F., DiDio, L., & Gagn é, M.（1999）. To follow expert advice when making a decision: An examination of reactive versus reflective autonomy. Journal of Personality, 67（5）,

851–872.

Koestner, R., & Losler, G. F. （1996）. <Distinguishing Reactive versus reflective autonomy.pdf>. Jourrml of Persormlity, 64（2）, 465–495.

Kohut, H., & Wolf, E. S. （1978）. The disorders of the self and their treatment: An outline. International Journal of Psycho–Analysis, 59, 413–425.

Lamborn, S. D., Dornbusch, S. M., & Steinberg, L. （1996）. Ethnicity and community context as moderators of the relations between family decision making and adolescent adjustment. Child development, 67（2）, 283–301.

Larson, R. W., Richards, M. H., Moneta, G., Holmbeck, G., & Duckett, E. （1996）. Changes in adolescents' daily interactions with their families from ages 10 to 18: Disengagement and transformation. Developmental Psychology, 32（4）, 744–754.

Laursen, B., & Hartup, W. W. （2002）. The origins of reciprocity and social exchange in friendships. New Directions for Child and Adolescent Development, 2002（95）, 27–40.

Laursen, B., & Williams, V. A. （1997）. Perceptions of interdependence and closeness in family and peer relationships among adolescents with and without romantic partners. New Directions for Child and Adolescent Development, 1997（78）, 3–20.

Levesque, C., Zuehlke, A. N., Stanek, L. R., & Ryan, R. M. （2004）. Autonomy and Competence in German and American University Students: A Comparative Study Based on Self–Determination Theory. Journal of Educational Psychology, 96（1）, 68–84.

Magolda, B. （1998）. Developing self–authorship in young adult life. Journal of College Student Development, 39（2）, 143–156.

Mahler, M. S., Pine, F., & Bergman, A. （1975）. The psychological birth of the human infant: Symbiosis and individuation. New York: Basic Books.

Markus, H. R., & Kitayama, S. (1991). Culture and the self: Implications for cognition, emotion, and motivation. Psychological Review; Psychological Review, 98 (2), 224–253.

Markus, H. R., & Kitayama, S. (2003). Culture, self, and the reality of the social. Psychological Inquiry, 14 (3–4), 277–283.

Markus, H. R., Mullally, P. R., & Kitayama, S. (1997). Selfways: Diversity in modes of cultural participation. In U. Neisser & D. Jopling (Eds.), The conceptual self in context. New York: Cambridge University Press.

Maslow, A. H. (1968). Toward a psychology of being (Vol. 16). New York: Van Nostrand Reinhold.

McElhaney, K. B., & Allen, J. P. (2001). Autonomy and adolescent social functioning: The moderating effect of risk. Child development, 72 (1), 220–235.

Modell, J., Furstenberg, F. F., & Hershberg, T. (1976). Social change and transitions to adulthood in historical perspective. Journal of Family History, 1(1), 7–32.

Montemayor, R. (1986). Family variation in parent–adolescent storm and stress. Journal of Adolescent Research, 1 (1), 15–31.

Mortimer, J. T., & Staff, J. (2004). Early work as a source of developmental discontinuity during the transition to adulthood. Development and Psychopathology, 16 (4), 1047–1070.

Mulder, N. (1992). Individual and society in Java: A cultural analysis: Gadjah Mada University Press.

Murray, H. A. (1938). Explorations in personality: a clinical and experimental study of fifty men of college age. New York: Oxford.

Niemiec, C. P., Lynch, M. F., Vansteenkiste, M., Bernstein, J., Deci, E. L., & Ryan, R. M. (2006). The antecedents and consequences of autonomous self–regulation for college: A self–determination theory perspective on socialization.

Journal of Adolescence, 29（5）, 761–775.

Noom, M. J., Dekovi ć, M., & Meeus, W.（2001）. Conceptual analysis and measurement of adolescent autonomy. Journal of Youth and Adolescence, 30（5）, 577–595.

Noom, M. J., Deković, M., & Meeus, W. I. H. J.（1999）. Autonomy, attachment and psychosocial adjustment during adolescence: a double–edged sword? Journal of Adolescence, 22, 771–783.

Nucci, L., & Weber, E. K.（1995）. Social interactions in the home and the development of young children's conceptions of the personal. Child development, 66（5）, 1438–1452.

Nucci, L. P., Killen, M., & Smetana, J. G.（1996）. Autonomy and the personal: Negotiation and social reciprocity in adult - child social exchanges. New Directions for Child and Adolescent Development .1996（73）, 7–24.

Nucci, L., C. Camino & C. M. Sapiro（1996）. Social class effects on northeastern Brazilian children's conceptions of areas of personal choice and social regulation. Child development, 67, 1223–1242.

Osgood, C. E., Suci, G. J., & Tannenbaum, P. H.（1957）. The measurement of meaning. Urbana: University of Illinois Press.

Oyserman, D., Coon, H. M., & Kemmelmeier, M.（2002）. Rethinking individualism and collectivism: evaluation of theoretical assumptions and meta-analyses. Psychological Bulletin, 128（1）, 3–72.

Paikoff, R. L., & Brooks–Gunn, J.（1991）. Do parent–child relationships change during puberty? Psychological Bulletin, 110（1）, 47–66.

Pavot, W., & Diener, E.（1993）. Review of the satisfaction with life scale. Psychological assessment, 5（2）, 164–172.

Perls, F., Hefferline, G., & Goodman, P.（1951）. Gestalt therapy .New York: Julian Press.

Reis, H. T., Sheldon, K. M., Gable, S. L., & Ryan, R. M. (2000). Daily well-being: the role of autonomy competence, and relatedness. The Society for Personality and Social Psychology, 26 (4), 419-435.

Rice, K. G. (1990). Attachment in adolescence: A narrative and meta-analytic review. Journal of Youth and Adolescence, 19 (5), 511-538.

Rogers, C. R. (1961). On becoming a person: A therapist's view of psychology. Boston: Houghton Mifflin.

Rothbaum, F., Pott, M., Azuma, H., Miyake, K., & Weisz, J. (2000). The development of close relationships in Japan and the United States: Paths of symbiotic harmony and generative tension. Child development, 71 (5), 1121-1142.

Ruck, M. D., Peterson - Badali, M., & Day, D. M. (2002). Adolescents' and mothers' understanding of children's rights in the home. Journal of Research on Adolescence, 12 (3), 373-398.

Ryan, R. M., & Connell, J. P. (1989). Perceived locus of causality and internalization: Examining reasons for acting in two domains. Journal of Personality and Social Psychology, 57 (5), 749-761.

Ryan, R. M. (1991). The nature of the self in autonomy and relatedness. In J. Strauss & G. R. Goethals (Eds.), The self: Interdisciplinary approaches (pp. 208-238). New York: Springer- Verlag.

Ryan, R. M. (1993). Agency and organization: Intrinsic motivation, autonomy and the self in psychological development. In R. Dienstbar (Ed.), Nebraska symposium on motivation (Vol 40, pp. 1-56). Lincoln: University of Nebraska Press.

Ryan, R. M., & Frederick, C. (1997). On energy, personality, and health: Subjective vitality as a dynamic reflection of well - being. Journal of Personality, 65 (3), 529-565.

Ryan, R. M., Kuhl, J., & Deci, E. L.（1997）. Nature and autonomy: An organizational view of social and neurobiological aspects of self-regulation in behavior and development. Development and Psychopathology（9）, 701-728.

Ryan, R. M., & Deci, E. L.（2000）. Self-Determination Theory and the Facilitation of Intrinsic Motivation, Social Development, and Well-Being. American Psychologist, 55（1）, 68-78.

Ryan, R. M.（2005）. The developmental line of autonomy in the etiology, dynamics, and treatment of borderline personality disorders. Development and Psychopathology, 17（4）, 987-1006.

Scott, E., & Woolard, J.（2004）. The legal regulation of adolescence. In R. M. Lerner & L. Steinberg（Eds.）, Handbook of adolescent psychology（Vol. 2, pp. 523-552）. New York: John Wiley & Sons, Inc.

Shaffer, D. R.（2008）. Social and personality development. Belmont, CA:Wadsworth Pub Co.

Sheldon, K. M., & Bettencourt, B. A.（2002）. Psychological need-satisfaction and subjective well-being within social groups. British Journal of Social Psychology, 41（1）, 25-38.

Sheldon, K. M., Houser-Marko, L., & Kasser, T.（2006）. Does autonomy increase with age? Comparing the goal motivations of college students and their parents. Journal of Research in Personality, 40（2）, 168-178.

Shweder, R. A., Goodnow, J. J., Hatano, G., LeVine, R. A., Markus, H. R., & Miller, P. J.（2009）. 发展的文化心理学（胡淑珍译）. In W. Damon, R. M. Lerner（Series Eds.）, & R. M. Lerner（Vol. Ed）. 儿童心理学手册（卷一）: 人类发展的理论模型（pp. 818-895）. 上海:华东师范大学出版社.（原著出版年: 2006）

Silverberg, S. B., & Steinberg, L.（1990）. Psychological well-being of parents with early adolescent children. Developmental Psychology, 26（4）, 658-

666.

Singelis, T. M., Triandis, H. C., Bhawuk, D. P. S., & Gelfand, M. J. (1995). Horizontal and vertical dimensions of individualism and collectivism: A theoretical and measurement refinement. Cross-cultural research, 29 (3), 240-275.

Smetana, J., & Gaines, C. (1999). Adolescent - Parent Conflict in Middle - Class African American Families. Child development, 70 (6), 1447-1463.

Smetana, J. G. (1995). Parenting styles and conceptions of parental authority during adolescence. Child development, 66 (2), 299-316.

Smetana, J. G. (2000). Middle - Class African American Adolescents' and Parents' Conceptions of Parental Authority and Parenting Practices: A Longitudinal Investigation. Child development, 71 (6), 1672-1686.

Smetana, J. G., & Asquith, P. (1994). Adolescents' and parents' conceptions of parental authority and personal autonomy. Child development, 65 (4), 1147-1162.

Smetana, J. G., Campione - Barr, N., & Daddis, C. (2004). Longitudinal development of family decision making: Defining healthy behavioral autonomy for middle-class African American adolescents. Child development, 75(5), 1418-1434.

Spear, H. J., & Kulbok, P. (2004). Autonomy and Adolescence: A Concept Analysis. Public Health Nursing, 21 (2), 144-152.

Spitz, R. A. (1965). The first year of life. New York: Internat. Univ. Press.

Steinberg, L. (1990). Autonomy, conflict, and harmony in the family relationship. In S. S. Feldman & G. R. Elliott (Eds.), At the threshold : the developing adolscent (pp. 255-276). Cambridge: MA: Harvard University Press.

Steinberg, L. (2000). The Family at Adolescence: Transition and Transformation. Journal of Adolescent Health.. 27 (3), 170-178.

Steinberg, L., & Scott, E. S. (2003). Less guilty by reason of adolescence: developmental immaturity, diminished responsibility, and the juvenile death penalty. American Psychologist, 58 (12), 1009–1018.

Steinberg, L., & Silverberg, S. B. (1986). The vicissitudes of autonomy in early adolescence. Child development, 57 (4):841–851.

Strauss, J., & Ryan, R. M. (1987). Autonomy disturbances in subtypes of anorexia nervosa. Journal of Abnormal Psychology, 96 (3), 254–258.

Susman, E. J., & Rogol, A. (2004). Puberty and psychological development. In R. M. Lerner & L. Steinberg (Eds.). Handbook of adolescent psychology (2nd ed., pp. 15 – 44). Hoboken, NJ: Wiley.

Thompson, R., & Zuroff, D. C. (1998). Dependent and self–critical mothers' responses to adolescent autonomy and competence. Personality and Individual Differences, 24 (3), 311–324.

Triandis, H. C. (1996). The psychological measurement of cultural syndromes. American Psychologist, 51 (4), 407–415.

Triandis, H. C., Bontempo, R., Villareal, M. J., Asai, M., & Lucca, N. (1988). Individualism and collectivism: Cross–cultural perspectives on self–ingroup relationships. Journal of Personality and Social Psychology, 54 (2), 323–338.

Triandis, H. C., & Gelfand, M. J. (1998). Converging measurement of horizontal and vertical individualism and collectivism. Journal of Personality and Social Psychology, 74 (1), 118–128.

Triandis, H. C., McCusker, C., & Hui, C. H. (1990). Multimethod probes of individualism and collectivism. Journal of Personality and Social Psychology, 59 (5), 1006–1020.

Turiel, E. (2002). The culture of morality: Social development, context, and conflict: Cambridge Univ Pr.

Wainryb, C., & Turiel, E. (1994). Dominance, subordination, and concepts of personal entitlements in cultural contexts. Child development, 65 (6), 1701–1722.

Walton, M. E., Devlin, J. T., & Rushworth, M. F. S. (2004). Interactions between decision making and performance monitoring within prefrontal cortex. Nature neuroscience, 7 (11), 1259–1265.

Weisfeld, G. E. (1999). Evolutionary principles of human adolescence. New York: Basic Books.

Winnicott, D. W. (1965). The maturational processes and the facilitating environment: Studies in the theory of emotional development. London: the Hogarth Press and the Institute of Psycho–analysis.

Wiggins, J. S. (1991). Agency and communion as conceptual coordinates for the understanding and measurement of interpersonal behavior. In W. Grove & D. Cicchetti (Eds.), Thinking clearly about psychology:Essays in honor of Paul E. Meehl (Vol. 2, pp. 89–113). Minnesota: University of Minnesota Press.

Wiggins, J. S. (1997). Circumnavigating Dodge Morgan's interpersonal style. Journal of Personality, 65 (4), 1069–1086.

Wiggins, J. S., & Pincus, A. L. (1992). Personality: Structure and assessment. Annual review of psychology, 43 (1), 473–504.

Yang, K. S. (1996). The psychological transformation of the Chinese people as a result of societal modernization. In M. H. Bond (Ed.), The handbook of Chinese psychology (pp. 479–498). New York: Oxford University Press.

Yau, J., & Smetana, J. G. (1996). Adolescent - Parent Conflict among Chinese Adolescents in Hong Kong. Child development, 67 (3), 1262–1275.

Zhang, W., & Fuligni, A. J. (2006). Authority, Autonomy, and Family Relationships Among Adolescents in Urban and Rural China. Journal of Research on Adolescence, 16 (4), 527–537.

Zhang, J. X. & R. Schwarzer（1995）Measuring optimistic self-beliefs: A Chinese adaptation of the General Self-Efficacy Scale. Psychologia: An International Journal of Psychology in the Orient，38（3），174-181.

Zimmer - Gembeck, M. J., & Collins, W. A.（2003）. In G..R..Adams & M. Berzonsky（Eds.）. Blackwell Handbook of adolescence（pp.175- 204）. Oxford: Blackwell Publishers.

陈独秀.（1915）.敬告青年.青年杂志，1，1-6.

陈红，& 陈瑞.（2006）.日常经验法：一种人格心理学研究方法.西南师范大学学报（人文社会科学版），32（2），8-12.

陈会昌，辛浩力，& 叶子.（1998）.青少年对家庭影响和同伴群体影响的接受性.心理科学（3），264-265.

陈佑清.（2002）.人作为活动主体的素质结构.教育研究，268（6），30-35.

陈雪莲.（2010）.青少年自主及其影响因素——学业和友谊领域的研究.博士学位论文.华中师范大学.

蔡华俭.（2002）.内隐自尊的作用机制及特性研究.博士学位论文.华东师范大学.

蔡飞.（2000）.自身心理学：精神分析的新范式.南京师大学报：社会科学版，4，82-88.

单志艳.（2002）.中学生自主学习及教师相应教学行为的评价研究.北京师范大学.

高申春.（2002）.进化论与心理学及主体性——西方心理学史的一个新的理解之维.东北师大学报：哲学社会科学版（5），119-123.

葛鲁嘉.（2005）.关于心理生活基本性质和内涵的理解.湖南师范大学教育科学学报，4（5），100-103.

郭爱妹，& 张雷.（2000）.青春期情感自主性与学业成绩相关研究.心理学探新，76（4），54-58.

郭金山，& 车文博．（2004）．大学生自我同一性状态与人格特征的相关研究．心理发展与教育，2，51–55.

胡小勇，& 郭永玉．（2009）．自主 – 受控动机效应及应用．心理科学进展，17（1），197–203.

胡婷．（2008）．初中生行为自主性的周期特点及其与亲子依恋的关系．硕士学位论文．首都师范大学．

黄任之．（2008）．青少年个人主义—集体主义外部特点和内隐特征研究．博士学位论文．中南大学．

黄希庭．（2002）．人格心理学（pp.304–315）．杭州：浙江教育出版社．

纪怡如．（2002）．国中生依附关系、压力知觉与其因应策略之相关研究．硕士学位论文．中国台湾国立屏东师范学院．

李彩娜，张曼，& 冯建新．（2010）．家庭功能与社会适应：个人自主的中介作用．心理发展与教育，26（4），371–377.

李祚山．（2007）．大学生经济自立的内容分析．重庆师范大学学报（自然科学版），24（3），78–82.

梁凌寒，侯志瑾，& 田璐．（2006）．北京市青少年对父亲，母亲及同伴的依恋及其关系．中国心理卫生杂志，20（10），639–642.

林美珍，& 邱文彬．（1999）．大学生迈向成熟人际关系中亲密性的发展：自我揭露与自主性发展之性别与年纪差异的探讨．教育心理学报，31（1），37–62.

凌辉，& 黄希庭．（2006）.6—12 岁儿童自立行为结构的初步研究．中国临床心理学杂志，14（3），233–236.

刘娟．（2006）．中国 NEET 族的现状、成因及其对策．青年探索（3），80–82.

陆芳．（2011）．青春期自主性和联结性的发展及其与社会适应的关系．博士学位论文．华东师范大学．

陆洛．（2003）．人我关系之界定——"折衷自我"的现身．本土心理学研究（台北），20，139–207.

陆洛．（2007）．个人取向与社会取向的自我观：概念分析与实征测量．美中教育评论，4（2），1–23.

马克思恩格斯．（1974）．马克思恩格斯全集（第25卷，p.927）．北京：人民出版社．（原著出版年：1875）

孟维杰．（2007）．关联与互动：20世纪的科学心理学与分析哲学．心理学探新，27（3），7–10.

戚昕．（2007）．大学生对成年界定的认知评价．青岛大学医学院学报，43（5），421–423.

施铁如．（2004）．从实体自我到对话自我的后现代转向．南京师大学报（社会科学版）（3），90–94.

史民德．（1998）．心理学中的主体问题．北京师范大学学报（社会科学版），145（1），32–34.

史清敏，金盛华，& 山田敬．（2003）．中日青少年自主发展的比较研究．外国教育研究，30（2），21–24.

孙育智．（2004）．青少年的依附品质、情绪智力与适应之关系．硕士学位论文．台湾国立中山大学．

汪凤炎．（2004）．古代中国人心中的"我"及其启示．心理科学，27（2），374–375.

韦炜．（2008）．青少年独立能力的量表编制与现状测查研究．福建师范大学．

温忠麟，候杰泰，& 成子娟．（2004）．结构方程模型及其应用：北京：教育科学出版社．

吴波，& 方晓义．（2006）．青少年自主性发展的特点．心理与行为研究，4（1），22–27.

吴明颖．（2007）．青少年的分离–个体化、与父母依附及其对人际互动、忧郁的关联性研究．硕士学位论文．台湾中原大学．

吴志文．（2008）．双元自主能力对讯息区辨的作用效果：范畴优势的运作机制．国立政治大学．

伊·康德．（2000）．实践理性批判（韩水法译，p.83）．北京：商务印书馆．（原著出版年：1788）

郗浩丽．（2007）．温尼科特的精神分析客体关系理论的治疗观．医学与哲学（人文社会医学版）342（10），42-43.

夏凌翔，& 黄希庭．（2006）．古籍中自立含义的概念分析．心理学报，38（6），916-992.

夏凌翔，& 黄希庭．（2007）．自立—自主—独立特征的语义分析．心理科学，30（2），328-331.

夏凌翔，黄希庭，& 王登峰．（2008）．青少年学生自立人格的结构——基于中国人人格量表（QZPS）的结果．心理科学，31（5），1035-1038.

夏凌翔，& 黄希庭．（2009）．青少年学生自立人格量表的信度与效度 心理科学，32（4），952-954.

新世界百科大全．http://www.newworldencyclopedia.org/entry/Autonomy，2011-05-20.

现代汉语词典．http://www.zdic.net/cd/ci/6/ZdicE8Zdic87ZdicAA195150.htm，2011-05-20.

熊宪光，& 王亚琴．（2000）．自主·自觉·自省·自立——《诗经·卫风·氓》意蕴新探．西南师范大学学报（人文社会科学版），26（5），140-143.

姚大志．（2000）．哈贝马斯：交往活动理论及其问题．吉林大学社会科学学报，6，8-13.

姚丹．（2007）．大学生自主性的结构及发展特点研究．硕士学位论文．沈阳师范大学．

杨国枢，余安邦，& 叶明华．（1989）．中国人的传统性与现代性：概念与测量．中国人的心理与行为．台北：桂冠图书公司．

杨中芳．（1991）．试论中国人的"自己"：理论与研究方向．中国人，

中国心 社会与人格篇》，台北：远流出版公司．

叶浩生．（2004）．多元文化论与跨文化心理学的发展．心理科学进展，12（1），144–151．

伊·谢·科恩．（1986）．自我论（佟景韩译，p.407）．北京：生活·读书·新知三联书店．

易白沙．（1916）．我．青年杂志，1，1–3．

于国庆．（2004）．大学生自我控制研究．博士学位论文．华东师范大学．

张春兴．（1994）．现代心理学（p.426）．上海：上海人民出版社．

张奇峰．（2009）．以"自治"为核心的西方教育哲学传统——第一期"复旦—伊利诺伊教育哲学高级研讨班"综述．复旦教育论坛，7（1），39–42．

张文新，王美萍，& Fuligni, A．（2006）．青少年的自主期望、对父母权威的态度与亲子冲突和亲合．心理学报，38（6），868–876．

郑和钧，& 郑卫东．（2007）．中国自我心理学研究的现状与展望．心理科学，30（5），1147–1150．

郑发祥，& 史湘琳．（2005）．论俄罗斯主体心理学的心理发展观．心理学探新，25（4），11–16．

郑发祥，& 史湘琳．（2007）．论俄罗斯主体心理学的理论特征．心理学探新，27（3），15–18．

邹晓燕，& 杨丽珠．（2005）．3~5岁儿童独立性结构的验证性因素分析．心理科学，28（1），225–226．

邹晓燕，& 贾玉梅．（2008）．初中生自主性结构及其发展特点研究．教育科学，24（5），50–54．

佐斌，& 张阳阳．（2006）．自我增强偏向的文化差异．心理科学，29（1），239–242．

# 附　录

## 附录 I　自主/自立的语义量表

指导语：下面是由 30 对双向形容词组成的七点语义表。请您根据自己对"自主"一词的理解和感觉，判断"自主"在每组词中的位置，"1"代表自主最接近左边词的含义，"7"代表自主最接近右边词的含义，"4"代表不确定，依此类推。请直接在数字上画"√"。谢谢您的合作！

2010 年 9 月 2 日

性别：＿＿＿＿　年龄：＿＿＿＿　年级：＿＿＿＿　专业：＿＿＿＿

| 主动的 | 1 — 2 — 3 — 4 — 5 — 6 — 7 | 被动的 |
|---|---|---|
| 负责的 | 1 — 2 — 3 — 4 — 5 — 6 — 7 | 不负责的 |
| 不自觉的 | 1 — 2 — 3 — 4 — 5 — 6 — 7 | 自觉的 |
| 动摇的 | 1 — 2 — 3 — 4 — 5 — 6 — 7 | 坚定的 |
| 分离的 | 1 — 2 — 3 — 4 — 5 — 6 — 7 | 联结的 |
| 单干的 | 1 — 2 — 3 — 4 — 5 — 6 — 7 | 合作的 |
| 混乱的 | 1 — 2 — 3 — 4 — 5 — 6 — 7 | 有序的 |
| 个人主义的 | 1 — 2 — 3 — 4 — 5 — 6 — 7 | 集体主义的 |
| 结伴的 | 1 — 2 — 3 — 4 — 5 — 6 — 7 | 独自的 |
| 主见的 | 1 — 2 — 3 — 4 — 5 — 6 — 7 | 盲从的 |
| 目标明确的 | 1 — 2 — 3 — 4 — 5 — 6 — 7 | 目标模糊的 |
| 有个性的 | 1 — 2 — 3 — 4 — 5 — 6 — 7 | 平庸的 |
| 亲密的 | 1 — 2 — 3 — 4 — 5 — 6 — 7 | 疏远的 |
| 勉强的 | 1 — 2 — 3 — 4 — 5 — 6 — 7 | 自愿的 |
| 自律的 | 1 — 2 — 3 — 4 — 5 — 6 — 7 | 他律的 |
| 他人中心的 | 1 — 2 — 3 — 4 — 5 — 6 — 7 | 自我中心的 |
| 自助的 | 1 — 2 — 3 — 4 — 5 — 6 — 7 | 他助的 |
| 乐群的 | 1 — 2 — 3 — 4 — 5 — 6 — 7 | 孤僻的 |

**续表**

| 自卑的 | 1—2—3—4—5—6—7 | 自信的 |
|---|---|---|
| 推诿的 | 1—2—3—4—5—6—7 | 担当的 |
| 有能力的 | 1—2—3—4—5—6—7 | 无能的 |
| 自由的 | 1—2—3—4—5—6—7 | 限制的 |
| 积极的 | 1—2—3—4—5—6—7 | 消极的 |
| 虚假的 | 1—2—3—4—5—6—7 | 真实的 |
| 诚信的 | 1—2—3—4—5—6—7 | 虚伪的 |
| 独立的 | 1—2—3—4—5—6—7 | 依赖的 |
| 自强的 | 1—2—3—4—5—6—7 | 自馁的 |
| 遵从的 | 1—2—3—4—5—6—7 | 叛逆的 |
| 无计划的 | 1—2—3—4—5—6—7 | 有计划的 |

# 附录 Ⅱ   大学生对中西方大学生自主特点的比较

下列是描述一个自主大学生特点的常用形容词。请你将中国与西方年龄、性别相仿的大学生做个比较，判断一下中国大学生自主性在哪些特征上更为突出，西方大学生自主性在哪些特征上更为突出，请在相应栏目中画"√"；如果有不确定的，画"×"。

| | 中国大学生较突出特征 | 西方大学生较突出特征 | | 中国大学生较突出特征 | 西方大学生较突出特征 |
|---|---|---|---|---|---|
| 诚信的 | | | 目标明确的 | | |
| 独立的 | | | 叛逆的 | | |
| 单干的 | | | 疏远的 | | |
| 担当的 | | | 有个性的 | | |
| 自律的 | | | 自信的 | | |
| 独自的 | | | 有能力的 | | |
| 有主见的 | | | 自愿的 | | |
| 负责的 | | | 主动的 | | |
| 真实的 | | | 有计划的 | | |
| 自由的 | | | 自助的 | | |
| 积极的 | | | 自强的 | | |
| 孤僻的 | | | 自我中心的 | | |
| 坚定的 | | | 力面的 | | |
| 自觉的 | | | 有序的 | | |
| 自立的 | | | 自我主宰的 | | |

## 附录 Ⅲ 自主的反义词调查

亲爱的同学：你好!

我们正在进行有关大学生自主性发展与培养的研究，恳请你协助我们完成相关的调查。下列是大学生认为最能代表"自主"的词汇，请你根据对这些词汇的理解写出"自主"的反义词，至少写出 10 个填入表格中；并按代表性排序，"1"表示最有代表性，依此类推。

2011.3.18

有主见　　果断　　独立　　目标明确　　自信　　坚强 / 坚定

有个性　　有思想　　自律 / 自制　　积极　　主动　　自觉

有责任心 / 负责　　自立　　自强　　有能力　　自由　　冷静

自主的反义词如：受控　　排序

自主的反义词如：依赖　　排序

## 附录 Ⅳ 大学生自主性发展开放性调查

编号：　　　　性别：　年龄：　　　年级：　　　专业：

1. 请您给自主性下定义?

2. 您认为自主性对青少年发展和心理成熟具有何种意义?

3. 在朋友或同学中何种行为最能体现您的自主性? 举例说明

4.请您用 3 ～ 5 个形容词描述一个典型的自主性大学生

5.请列举在您成长中象征独立自主的行为或事件？（注明发生的年龄）并按重要程度从高到低排序。

| 序号 | 典型行为或事件 | 发生年龄（可以估计） |
|------|--------------|-------------------|
| 1 | | |
| 2 | | |
| 3 | | |
| 4 | | |
| 5 | | |

1.请评价一下您的自主水平和心理成熟。"1"代表自主水平低或心理成熟程度低，"5"代表自主水平高或心理成熟程度高，在合适的数值上画"√"。

自主水平低 1 — 2 — 3 — 4 — 5 自主水平高

心理成熟程度低 1 — 2 — 3 — 4 — 5 心理成熟程度高

# 附录 Ⅴ　成年初期自主初始问卷

## 说明

为科学教育引导大学生身心健康发展，我们将对大学生心理发展状况展开一系列研究。请你参与我们的研究。本研究结果仅用于心理科学研究，绝不对外公布，更不会影响你的成绩。请在合适的选项上画"√"

谢谢您的合作！

××××××应用心理学研究所

2010 年 11 月

编号：_____（学号后 4 位）性别：男□ 女□

民族：汉□ 少数民族□　年龄：_____

年级：大一□　大二□　大三□　大四□　研究生□

专业：文科□　理科□　工科□　艺术□

独生子女：是□　否□

来源：大中城市□　县/市或城镇□　农村□

## EAA

下面语句描述了你在不同生活情境中的感觉和行为，请仔细阅读每条陈述，将反映你真实状况的程度的数字圈出来。

1= 完全不符合　2= 基本不符合　3= 有些不符合　4= 不清楚　5= 有些符合

6= 基本符合　7= 完全符合

| | |
|---|---|
| 1. 我有自己择朋友或恋爱对象的标准 | 1 — 2 — 3 — 4 — 5 — 6 — 7 |
| 2. 尽管父母或老师不同意，但我还是会自己决定未来的发展方向 | 1 — 2 — 3 — 4 — 5 — 6 — 7 |
| 3. 我很少可以按自己的喜好做出选择 | 1 — 2 — 3 — 4 — 5 — 6 — 7 |
| 4. 我敢于表达对他人的喜欢或爱慕 | 1 — 2 — 3 — 4 — 5 — 6 — 7 |
| 5. 打工或兼职让我觉得自己有独立能力 | 1 — 2 — 3 — 4 — 5 — 6 — 7 |
| 6. 无论生活中遇到什么事情，我都希望先听听父母或朋友的意见 | 1 — 2 — 3 — 4 — 5 — 6 — 7 |
| 7. 我发现自己做决定很困难 | 1 — 2 — 3 — 4 — 5 — 6 — 7 |
| 8. 尽管有人可以依靠，但我还是愿意自己的事自己做 | 1 — 2 — 3 — 4 — 5 — 6 — 7 |
| 9. 无论在学习、工作还是生活中，我喜欢挑战自己 | 1 — 2 — 3 — 4 — 5 — 6 — 7 |
| 10. 我对自己充满信心 | 1 — 2 — 3 — 4 — 5 — 6 — 7 |
| （以下略） | |

# 附录Ⅵ IPPA-75 题

## IPPA

这是一份关于你与你妈妈、爸爸及好朋友之间的关系调查问卷。问卷分为三部分，请你仔细阅读下列的各项陈述，在选项中圈出最符合你真实感受的选项。

如果你没有妈妈，那么请以一位抚养你长大的女性长辈为对象（如继母）作为填答的依据；如果你没有爸爸，那么请你以一位抚养你长大的男性长辈为对象（如继父），作为填答的依据。

1= 不符合　2= 不太符合　3= 有些符合　4= 基本符合　5= 符合

| | |
|---|---|
| 1. 妈妈尊重我的感受 | 1 — 2 — 3 — 4 — 5 |
| 2. 我认为我妈妈是位称职的妈妈 | 1 — 2 — 3 — 4 — 5 |
| 3. 我期望有个与众不同的妈妈 | 1 — 2 — 3 — 4 — 5 |
| 4. 妈妈能接受我目前的一切 | 1 — 2 — 3 — 4 — 5 |
| 5. 对于我所关心的事，我会想听听妈妈的看法 | 1 — 2 — 3 — 4 — 5 |
| 6. 我觉得让妈妈知道我的感受是没有用的 | 1 — 2 — 3 — 4 — 5 |
| 7. 当我感到心烦的时候，妈妈会知道 | 1 — 2 — 3 — 4 — 5 |
| 8. 跟妈妈讨论我所遇到的问题，会让我觉得自己很丢脸或很笨 | 1 — 2 — 3 — 4 — 5 |
| 9. 妈妈对我的期望很高 | 1 — 2 — 3 — 4 — 5 |
| 10. 跟妈妈在一起，我很容易觉得心烦 | 1 — 2 — 3 — 4 — 5 |
| 11. 对于我烦恼的事情，其实妈妈知道得很少 | 1 — 2 — 3 — 4 — 5 |
| 12. 我跟妈妈讨论事情时，妈妈会在乎我的想法 | 1 — 2 — 3 — 4 — 5 |
| 13. 妈妈信任我所做的判断 | 1 — 2 — 3 — 4 — 5 |
| 14. 妈妈遇到了她自己的问题，这时我不会拿自己的事烦扰她 | 1 — 2 — 3 — 4 — 5 |
| 15. 妈妈帮我更加了解我自己 | 1 — 2 — 3 — 4 — 5 |
| 16. 我会告诉妈妈关于我所遇到的问题和麻烦 | 1 — 2 — 3 — 4 — 5 |
| 17. 我会生妈妈的气 | 1 — 2 — 3 — 4 — 5 |
| 18. 妈妈很少注意我 | 1 — 2 — 3 — 4 — 5 |
| 19. 妈妈会鼓励我说出我所遇到的困难 | 1 — 2 — 3 — 4 — 5 |
| 20. 妈妈了解我 | 1 — 2 — 3 — 4 — 5 |
| （以下略） | |

# 附录Ⅶ　成年初期自主正式问卷

## 说明

为科学教育引导大学生身心健康发展，我们将对大学生心理发展状况展开一系列研究。请你参与我们的研究。本研究结果仅用于心理科学研究，绝不对外公布，更不会影响你的成绩。请在合适的选项上画"√"

谢谢您的合作！

×××××× 应用心理学研究所

2010 年 12 月

编号：＿＿＿＿（学号后 4 位）性别：男□ 女□

民族：汉□ 少数民族□　年龄：＿＿＿＿

年级：大一□ 大二□ 大三□ 大四□ 研究生□

专业：文科□ 理科□ 工科□ 艺术□

独生子女：是□　否□

来源：大中城市□ 县 / 市或城镇□　农村□

EAA

下面语句描述了你在不同生活情境中的感觉和行为，请仔细阅读每条陈述，将反映你真实状况程度的数字圈出来。

1= 完全不符合　2= 基本不符合　3= 有些不符合　4= 不清楚　5= 有些符合
6= 基本符合　7= 完全符合

| | |
|---|---|
| 1. 我做事喜欢跟着感觉走而不是按既定计划 | 1 — 2 — 3 — 4 — 5 — 6 — 7 |
| 2. 面对集体中一些重大事情或决定，我能发表自己的意见 | 1 — 2 — 3 — 4 — 5 — 6 — 7 |
| 3. 当处境不利时，我常常自怨自艾 | 1 — 2 — 3 — 4 — 5 — 6 — 7 |
| 4. 我很少独立做出选择或决定 | 1 — 2 — 3 — 4 — 5 — 6 — 7 |
| 5. 尽管有人可以依靠，但我还是愿意自己的事自己做 | 1 — 2 — 3 — 4 — 5 — 6 — 7 |
| 6. 无论是在学习、工作还是生活中，我喜欢挑战自己 | 1 — 2 — 3 — 4 — 5 — 6 — 7 |
| 7. 我对自己充满信心 | 1 — 2 — 3 — 4 — 5 — 6 — 7 |
| 8. 听了别人的话，我常改变自己的心意 | 1 — 2 — 3 — 4 — 5 — 6 — 7 |
| 9. 有时我感到一个人独处也是一种享受 | 1 — 2 — 3 — 4 — 5 — 6 — 7 |
| 10. 我有能力有勇气独立完成一件事 | 1 — 2 — 3 — 4 — 5 — 6 — 7 |
| （以下略） | |

# 附录Ⅷ 内隐联结测验指导语

## 心理实验说明

亲爱的同学们：

你们好！首先非常感谢您能来参加我们的心理学实验。下面为您介绍下此心理实验的主要内容和具体流程与操作程序。

这是一个对词语进行分类的实验。按空格键开始后屏幕中间将会随机出现一些词语，您需要判断词语属于哪一类。如果认为该词属于左上角的类别时，请按"A"键；同样的，当您认为该词语属于右边的类别时，请按"L"键。每个词语只能归入一个类别。如果判断错误，计算机会出现"X"来提示，这时您只需按另外一个键来更正错误（比如，当您按"A"键时出现错误，只需按"L"键即可更正）。实验过程中如果您有任何疑问，可以询问主试。这是一个检验反应速度的测验，请您在保证准确的情况下尽快完成任务。

下面是一个实例演示：如下图所示，屏幕左上角出现的词是"男性特征词"字样，右上角显示的是"女性特征词"字样，当屏幕中间出现"勇敢"时，需要您对它归类，判断是属于屏幕左上角一类还是右上角一类。如果您判断"勇敢"是属于左上角一类，就请按"A"键，如果您判断是属于右上角一类，就请按"L"键。如果你的判断与计算机有内设的判断不一致时，屏幕中间会有红色的"X"显现，此时您只需改按"A"键更改后，即可继续下一个词的分类。

然后屏幕会提醒您变更分类任务，如屏幕上方出现的分类词和刚才出现的分类词不一样了。接下来您看到的词语也会随之改变。请您继续做出判断。方法与上面提到过的完全一样。

最后，屏幕上方出现了前两个阶段的分类词。屏幕中央呈现的每一个项目依旧仅仅属于一个类别。和前面一样，分别按"A"键和"L"键做出反应。更正错误的方式和前面相同。

此实验共分为7部分，每部分的操作都如上面所说一样，但屏幕左右上角和中间出现的词语将会有所改变。每次实验任务变更，屏幕都会出现提示语，请认真阅读，按要求操作做出反应。祝您实验过程愉快！

应用心理学研究所 2011 年 3 月

# 附录 IX 日常活动日志及评估表

**指导语：**

为了更好地研究青少年过渡到成年阶段的自主性发展，提高对青少年的教育指导效果，本项目诚邀您参与我们的研究。作为一名被试者请您在两周，也就是 14 天的时间内每天完成一份日常活动日志记录。请您记录每天花费时间最多的三种活动（睡觉除外）和交流时间最长的三项人际互动（一般不少于 10 分钟）。请您每天晚上睡觉前填写记录表，大约占用您 10 分钟的时间。

我们为您准备了日常活动日志记录小手册，并将 14 天的活动日志分为两袋，每 7 天为一袋，请你在第 8 天到指定的地点（如大学生心理咨询中心教 2-415）交第一袋记录，并领取第二袋记录小手册，同时完成一份相应的评价量表。第 15 天完成第二次日志记录并交回，完成相关的评价量表。本实验研究有专门的工作人员负责发放并回收日志记录小手册，做完并上交日志记录后，在工作人员的指导下协助我们完成一份书面的问卷调查。我们准备了一份小礼品答谢您的支持与合作。

在实验过程中，如果您有特殊情况要中断，请及时与工作人员联系，我们另做安排。研究过程中有任何问题也请及时联系我们。

联系人：×××，××× 联系电话：××××××；××××××

谢谢您的合作！

××××× 应用心理学研究所<br>2010 年 10 月 20 日

## 日常活动日志

记录须知：

请你在每天晚上睡觉前 10 分钟，回顾一下您今天参与的日常活动，将你花费时间最长活动和交流时间最长的人际互动简要记录在下表中，每类活动记录参与时间最长的三项，并对每天体验到的身心状况进行一个评估。每天一张记录卡，7 天为一个周期。请您不要间断。

记录时间：2010 年___月___日星期___　　　第___天的记录

记录者编号：____

| 记录A | 时间（可以估计） | 活动的内容（花费时间最多的活动） |
|---|---|---|
| 举例： | 1 小时 | 作为合唱团成员，我参加了学校合唱团排练 |
| 记录 1 | | |
| 记录 2 | | |
| 记录 3 | | |

| 记录B | 时间（可以估计） | 交往对象 | 发起者 | 交流方式 | 人际互动（交流互动时间最长的人际互动，一般不少于 10 分钟） |
|---|---|---|---|---|---|
| 举例： | 20 分钟 | 朋友 | 我 | 电话 | 我跟高中好朋友交流最近的学习和生活情况 |
| 记录 1 | | | | | |
| 记录 2 | | | | | |
| 记录 3 | | | | | |

注：一次人际互动：我们定义为交往的被试者注意到彼此，并根据对方的反应调节其行为的过程。人际互动除了面对面的直接交流，也可以包括采用电话和网络在线的交流。请在活动记录中说明交流的方式。

# 每天身心状况评估表

## PNS

请您根据当天所经历积极或消极的情感体验，对下列情感的强度做出评价，直接在合适的选项上圈出。1= 没有影响，7= 非常强烈，依此类推。

| 每天的情绪体验 | 没有影响 ←强度→ 非常强烈 |
|---|---|
| 1. 欣喜的 | 1— 2— 3— 4— 5— 6— 7 |
| 2. 担心 / 焦虑的 | 1— 2— 3— 4— 5— 6— 7 |
| 3. 享受的 / 开心的 | 1— 2— 3— 4— 5— 6— 7 |
| 4. 沮丧的 | 1— 2— 3— 4— 5— 6— 7 |
| 5. 高兴的 | 1— 2— 3— 4— 5— 6— 7 |
| 6. 抑郁的 | 1— 2— 3— 4— 5— 6— 7 |
| 7. 愤怒 / 敌意的 | 1— 2— 3— 4— 5— 6— 7 |
| 8. 愉快的 | 1— 2— 3— 4— 5— 6— 7 |
| 9. 不幸的 | 1— 2— 3— 4— 5— 6— 7 |

## PVS

下列陈述是关于您当天身体和心理状态的描述。请您根据自己的实际情况判断它们的真实程度，直接在合适的选项上圈出。1= 完全不真实，7= 完全真实，依此类推。

| 身体和心理状态 | 完全不真实 ←真实程度→ 完全真实 |
|---|---|
| 1. 我感到自己有活力 | 1— 2— 3— 4— 5— 6— 7 |
| 2. 我感到精力不足 | 1— 2— 3— 4— 5— 6— 7 |
| 3. 有时我感到激情燃烧 | 1— 2— 3— 4— 5— 6— 7 |
| 4. 我有动力 | 1— 2— 3— 4— 5— 6— 7 |
| 5. 我期望新的一天到来 | 1— 2— 3— 4— 5— 6— 7 |
| 6. 我几乎总是清醒的 | 1— 2— 3— 4— 5— 6— 7 |
| 7. 我感到精力充沛 | 1— 2— 3— 4— 5— 6— 7 |

# PSC

您是否出现下列身体症状？请根据当天感受到的症状程度做出回答，直接在合适的选项上圈出。没有 =1，经常 =7，依此类推。

| 身体症状 | 没有 ←症状程度→ 经常 |
|---|---|
| 1. 头痛 | 1— 2— 3— 4— 5— 6— 7 |
| 2. 胃痛 | 1— 2— 3— 4— 5— 6— 7 |
| 3. 胸口 / 心口痛 | 1— 2— 3— 4— 5— 6— 7 |
| 4. 鼻塞 / 流涕 | 1— 2— 3— 4— 5— 6— 7 |
| 5. 咳嗽 / 咽喉疼痛 | 1— 2— 3— 4— 5— 6— 7 |
| 6. 虚弱 / 头昏眼花 | 1— 2— 3— 4— 5— 6— 7 |
| 7. 呼吸急促 | 1— 2— 3— 4— 5— 6— 7 |
| 8. 粉刺 / 暗疮 | 1— 2— 3— 4— 5— 6— 7 |
| 9. 肌肉僵硬 / 酸痛 | 1— 2— 3— 4— 5— 6— 7 |

## 日常活动自主性评估表

记录者编号 _____ 性别：_____ 年龄：_____

年级：_____ 专业：_____

记录时间：2010 年 ____月____日 –____月____日

我们将您最近一周所经历的日常活动记录 A 进行了编号。编号中前两位记录的天数，最后一位代表当天记录的第几条活动，如"011"代表第一天记录的第一条记录。请您对一周以来从事最多的活动进行原因分析，并做出程度评价。1= 肯定不是，7= 肯定是，依此类推。直接在选项上画"√"或圈出。

A. 外在原因（"外在的情况迫使您做这个行为"）

B. 投射原因（"您让自己做这个行为，以免焦虑或内疚"）

C. 认同原因（"不管是否有兴趣，您感到这个行为是有价值或有意义的"）

D. 内在原因（"您做这个行为纯粹是因为兴趣和快乐"）

| 记录A编号 | 原因评价 | | | | 程度评价 | |
|---|---|---|---|---|---|---|
| | 外在情况迫使 | 避免焦虑内疚 | 体现真实价值 | 表达内在兴趣 | 肯定不是 | 肯定是 |
| 011 | A | B | C | D | 1— 2— 3— 4— 5— 6— 7 | |
| 012 | A | B | C | D | 1— 2— 3— 4— 5— 6— 7 | |
| 013 | A | B | C | D | 1— 2— 3— 4— 5— 6— 7 | |
| 021 | A | B | C | D | 1— 2— 3— 4— 5— 6— 7 | |
| 022 | A | B | C | D | 1— 2— 3— 4— 5— 6— 7 | |
| 023 | A | B | C | D | 1— 2— 3— 4— 5— 6— 7 | |
| 031 | A | B | C | D | 1— 2— 3— 4— 5— 6— 7 | |
| 032 | A | B | C | D | 1— 2— 3— 4— 5— 6— 7 | |
| 033 | A | B | C | D | 1— 2— 3— 4— 5— 6— 7 | |
| 041 | A | B | C | D | 1— 2— 3— 4— 5— 6— 7 | |
| 042 | A | B | C | D | 1— 2— 3— 4— 5— 6— 7 | |
| 043 | A | B | C | D | 1— 2— 3— 4— 5— 6— 7 | |
| 051 | A | B | C | D | 1— 2— 3— 4— 5— 6— 7 | |
| 052 | A | B | C | D | 1— 2— 3— 4— 5— 6— 7 | |
| 053 | A | B | C | D | 1— 2— 3— 4— 5— 6— 7 | |
| 061 | A | B | C | D | 1— 2— 3— 4— 5— 6— 7 | |
| 062 | A | B | C | D | 1— 2— 3— 4— 5— 6— 7 | |
| 063 | A | B | C | D | 1— 2— 3— 4— 5— 6— 7 | |
| 071 | A | B | C | D | 1— 2— 3— 4— 5— 6— 7 | |
| 072 | A | B | C | D | 1— 2— 3— 4— 5— 6— 7 | |
| 073 | A | B | C | D | 1— 2— 3— 4— 5— 6— 7 | |

## 日常人际交往关系评估表

记录者编号 ____ 性别：____ 年龄：____

年级：_____ 专业：____

记录时间：2010 年 ___月___日 – ___月___日

我们将您最近一周所经历的人际交往活动记录 B 进行了编号。编号中前两位代表记录的天数，最后一位代表当天记录的第几人际交往活动。如"011"代表第一天记录的第一条记录。请您对一周以来的人际交往活动所体验到的人际亲密程度逐一做出评估。1= 非常冷淡，7= 非常亲密，依此类推。直接在选项上画"√"或圈出。

交往对象：A= 老师或父母，B= 朋友或恋人，C= 陌生人，D= 其他

交往的发起者：A= 我，B= 他人

交流的方式：A= 面对面，B= 电话，C= 网络或短信，D= 其他

| 记录B 编号 | 交往对象 | 交往发起者 | 交流方式 | 亲密程度评价（交往感受）非常冷淡　　　　非常亲密 |
|---|---|---|---|---|
| 011 | A B C D | A B | A B C D | 1— 2— 3— 4— 5— 6— 7 |
| 012 | A B C D | A B | A B C D | 1— 2— 3— 4— 5— 6— 7 |
| 013 | A B C D | A B | A B C D | 1— 2— 3— 4— 5— 6— 7 |
| 021 | A B C D | A B | A B C D | 1— 2— 3— 4— 5— 6— 7 |
| 022 | A B C D | A B | A B C D | 1— 2— 3— 4— 5— 6— 7 |
| 023 | A B C D | A B | A B C D | 1— 2— 3— 4— 5— 6— 7 |
| 031 | A B C D | A B | A B C D | 1— 2— 3— 4— 5— 6— 7 |
| 032 | A B C D | A B | A B C D | 1— 2— 3— 4— 5— 6— 7 |
| 033 | A B C D | A B | A B C D | 1— 2— 3— 4— 5— 6— 7 |
| 041 | A B C D | A B | A B C D | 1— 2— 3— 4— 5— 6— 7 |
| 042 | A B C D | A B | A B C D | 1— 2— 3— 4— 5— 6— 7 |
| 043 | A B C D | A B | A B C D | 1— 2— 3— 4— 5— 6— 7 |
| 051 | A B C D | A B | A B C D | 1— 2— 3— 4— 5— 6— 7 |
| 052 | A B C D | A B | A B C D | 1— 2— 3— 4— 5— 6— 7 |
| 053 | A B C D | A B | A B C D | 1— 2— 3— 4— 5— 6— 7 |
| 061 | A B C D | A B | A B C D | 1— 2— 3— 4— 5— 6— 7 |
| 062 | A B C D | A B | A B C D | 1— 2— 3— 4— 5— 6— 7 |
| 063 | A B C D | A B | A B C D | 1— 2— 3— 4— 5— 6— 7 |
| 071 | A B C D | A B | A B C D | 1— 2— 3— 4— 5— 6— 7 |
| 072 | A B C D | A B | A B C D | 1— 2— 3— 4— 5— 6— 7 |
| 073 | A B C D | A B | A B C D | 1— 2— 3— 4— 5— 6— 7 |

## 附录 X　问卷 A（EAA，IPPA- 大学生版，EOM-ELS-2 中文版）

**说明**　为科学教育引导大学生身心健康发展，我们将对大学生心理发展状况展开一系列研究。请你参与我们的研究。本研究结果仅用于心理学研究，不对外公布，更不会影响你在校的任何考核。请在合适的选项上画"√"或"○"。谢谢您的合作！

×××××× 应用心理学研究所

2011 年 3 月

编号：＿＿（学号后 4 位）　性别：男□ 女□

民族：汉□ 少数民族□ 　　年龄：＿＿＿

年级：大一□ 大二□ 大三□ 大四□ 研究生□

独生子女：是□ 否□

专业：文科□ 理科□ 工科□ 艺术□

来源：大中城市□ 县／市或城镇□ 农村□

## EAA

下面语句描述了你在不同生活情境中的感觉和行为，请仔细阅读每条陈述，将反映你真实状况的程度的数字圈出来。

1= 完全不符合 　2= 基本不符合 　3= 有些不符合 　4= 不清楚 　5= 有些符合
6= 基本符合 　7= 完全符合

| | |
|---|---|
| 1. 尽管有人可以依靠，但我还是愿意自己的事自己做 | 1 － 2 － 3 － 4 － 5 － 6 － 7 |
| 2. 我依靠自己的经验和思考做出决定，而不是被他人所左右 | 1 － 2 － 3 － 4 － 5 － 6 － 7 |
| 3. 听了别人的话，我常改变自己的心意 | 1 － 2 － 3 － 4 － 5 － 6 － 7 |
| 4. 一个人在外求学，我能够照顾好自己的饮食起居 | 1 － 2 － 3 － 4 － 5 － 6 － 7 |
| 5. 我对很多事情都是犹豫不决的 | 1 － 2 － 3 － 4 － 5 － 6 － 7 |
| 6. 我喜欢尝试从未做过的事情，这让我感到刺激 | 1 － 2 － 3 － 4 － 5 － 6 － 7 |
| 7. 我对自己需要做的事情有清晰的认识 | 1 － 2 － 3 － 4 － 5 － 6 － 7 |
| 8. 如果没有家长或老师的督促，我会觉得学习生活失去了控制 | 1 － 2 － 3 － 4 － 5 － 6 － 7 |
| 9. 我能够按自己的意愿和安排做事 | 1 － 2 － 3 － 4 － 5 － 6 － 7 |
| 10. 我能够独立完成一些事情，如活动策划或执行 | 1 － 2 － 3 － 4 － 5 － 6 － 7 |
| （以下略） | |

## IPPA

这是一份关于你与你妈妈、爸爸及好朋友之间关系调查问卷。问卷分为三部分，请你仔细阅读下列的各项陈述，在选项中圈出最符合你真实感受的选项。

如果你没有妈妈，那么请以一位抚养你长大的女性长辈为对象（如继母）作为填答的依据；如果你没有爸爸，那么请你以一位抚养你长大的男性长辈为对象（如继父），作为填答的依据。

1=不符合　2=不太符合　3=有些符合　4=基本符合　5=符合

| | |
|---|---|
| 1. 妈妈尊重我的感受 | 1 — 2 — 3 — 4 — 5 |
| 2. 我认为我妈妈是位称职的妈妈 | 1 — 2 — 3 — 4 — 5 |
| 3. 我期望有个与众不同的妈妈 | 1 — 2 — 3 — 4 — 5 |
| 4. 妈妈能接受我目前的一切 | 1 — 2 — 3 — 4 — 5 |
| 5. 对于我所关心的事，我会想听听妈妈的看法 | 1 — 2 — 3 — 4 — 5 |
| 6. 我觉得让妈妈知道我的感受是没有用的 | 1 — 2 — 3 — 4 — 5 |
| 7. 当我感到心烦的时候，妈妈会知道 | 1 — 2 — 3 — 4 — 5 |
| 8. 跟妈妈讨论我所遇到的问题，会让我觉得自己很丢脸或很笨 | 1 — 2 — 3 — 4 — 5 |
| 9. 跟妈妈在一起，我很容易觉得心烦 | 1 — 2 — 3 — 4 — 5 |
| 10. 妈妈信任我所做的判断 | 1 — 2 — 3 — 4 — 5 |
| （以下略） | |

## EOM

请认真阅读以下短句，根据现在的心情或生活方式在相适合的选项上画圈。

1=非常不赞同　2=不赞同　3=有些不赞同　4=有些赞同　5=赞同　6=非常赞同

| | |
|---|---|
| 1. 有时我参加业余活动，但我认为不必寻求一个经常从事的特定活动 | 1 — 2 — 3 — 4 — 5 — 6 |
| 2. 我还没有确定我真正想从事的职业，我想待机遇而定 | 1 — 2 — 3 — 4 — 5 — 6 |
| 3. 我一般与那些我父母认可和赞同的人一起交往 | 1 — 2 — 3 — 4 — 5 — 6 |
| 4. 通过与不同类型人交往，我已形成了明确的交友观念 | 1 — 2 — 3 — 4 — 5 — 6 |
| 5. 我花了很多时间考虑婚姻中男女角色的问题，并确定了适合我的是什么 | 1 — 2 — 3 — 4 — 5 — 6 |
| 6. 我深入地思考过我的政治信念，意识到我所拥有的政治信念并非都与父母的一致 | 1 — 2 — 3 — 4 — 5 — 6 |

**续表**

| | |
|---|---|
| 7. 关于男女角色的主张很多，对此我没有考虑太多 | 1 — 2 — 3 — 4 — 5 — 6 |
| 8. 在尝试后，我发现了一些我真正喜欢独自从事或与朋友一起从事的活动 | 1 — 2 — 3 — 4 — 5 — 6 |
| 9. 我正在寻求适合自己的生活方式，但还未找到 | 1 — 2 — 3 — 4 — 5 — 6 |
| 10. 我觉得自己没有形成特定的人生观，我只想过得快乐些 | 1 — 2 — 3 — 4 — 5 — 6 |
| （以下略） | |

# 附录 XI　问卷 B（EAA，IPPA-大学生版，SAS，SLS，PANA）

**说明**　为科学教育引导大学生身心健康发展，我们将对大学生心理发展状况展开一系列研究。请你参与我们的研究。本研究结果仅用于心理学研究，不对外公布，更不会影响你在校的任何考核。请在合适的选项上画"√"或"○"。谢谢您的合作！

×××××× 应用心理学研究所

2011 年 3 月

编号：____（学号后 4 位）性别：男□ 女□

民族：汉□ 少数民族□　年龄：

年级：大一□ 大二□ 大三□ 大四□ 研究生□

独生子女：是□ 否□

专业：文科□ 理科□ 工科□ 艺术□

来源：大中城市□ 县/市或城镇□ 农村□

家庭类型：1. 核心家庭（父母和子女）2. 单亲家庭

　　　　　3. 混合家庭　4. 其他____

居住情况：1. 与父母居住在一起　2. 在外租房居住

　　　　　3. 住集体宿舍累计__年（选项如下）

　　　　　（1）1 年以下　（2）1～3 年　（3）3～5 年

　　　　　（4）6～9 年　（5）10 年以上

恋爱情况 : 1. 已婚　　2. 没有恋爱

　　　　　　3. 曾经或正在恋爱（请继续回答下面问题）

　　　　　　（1）初恋大约在___岁

　　　　　　（2）首次性关系大约在___岁

　　　　　　（3）首次与恋人同居大约___岁

工作情况 : 1. 没有　2. 偶尔有打工经历　3. 有固定的兼职　4. 有固定工作

5. 其他

学业情况 : 1. 优秀　2. 良好　3. 一般　　4. 差

（略去与问卷 A 共同的部分）

## SAS

请仔细地想一想，在过去一年里你在学校生活情况如何。请根据你最真实的想法来回答下列问题，而不是根据"我应该怎样"来回答问题。

1= 完全不同意　2= 基本不同意　3= 有些不同意　4= 有些同意　5= 基本同意 6= 完全同意

| | |
|---|---|
| 1. 在学校我感到很糟糕 | 1　2　3　4　5　6 |
| 2. 在学校我学到很多东西 | 1　2　3　4　5　6 |
| 3. 学校的很多事情我都不喜欢 | 1　2　3　4　5　6 |
| 4. 我真希望我不必上学 | 1　2　3　4　5　6 |
| 5. 我很渴望上学 | 1　2　3　4　5　6 |
| …… | |

## SLS

请细读下列 5 项，对你整个生活的状况做出满意度的评价。请以开明和诚实的态度回答，圈出适当的数字，表达你对各项的同意程度。

1= 非常不同意　　2 = 不同意　　3 = 少许不同意　　4= 中立　5= 少许同意 6= 同意　7= 非常同意

| 1.我的生活大致符合我的理想 | 1 — 2 — 3 — 4 — 5 — 6 — 7 |
|---|---|
| 2.我的生活状态非常圆满 | 1 — 2 — 3 — 4 — 5 — 6 — 7 |
| 3.我满意自己的生活<br>…… | 1 — 2 — 3 — 4 — 5 — 6 — 7 |

## PANA

我们想了解你最近的感受。请回答在过去几周里你是否感到（1=是，2=否）：

1. 对某事特别热衷或特别感兴趣？　　　　1　　2

2. 感到坐立不安？　　　　　　　　　　　1　　2

3. 因为别人对你工作的赞扬而感到骄傲？　1　　2

4. 十分孤独或远离他人？　　　　　　　　1　　2

5. 由于完成了某项工作而感到愉快？　　　1　　2

......

到此结束。再次感谢您的合作！

# 致　谢

　　不经意从南望山到桂子山的路走了 7 年，当初的豪情壮志已不存在，剩下的是挥之不去的疑惑。渺小如我，为生活琐事缠绕，为心理疾病患者而忧心，为工作而忙碌，在心理学的殿堂里又能做点什么呢？幸好有周老师门下"发展之家"这个温暖的大家庭，还有亲人、老师、朋友、同事的支持和帮助，才让我坚持下来，最终得以完成了毕业论文。此时此刻，唯有表示至诚至真的谢意。

　　感谢我尊敬的导师周宗奎教授。老师严谨的治学态度、渊博的学识功底、宽阔的学术视野，独到的学术见解提升了我的专业素养和科研能力。为了让我兼顾工作与学习，老师总是给我以特别的指导和关照。感谢师母范翠英老师在学习和生活中给予我的关怀和帮助！

　　感谢心理学院的老师们。在求学过程中，有幸得到了刘华山老师、郭永玉老师、江光荣老师、佐斌老师的谆谆教诲和指导。特别是论文的开题得到了刘华山老师、郭永玉老师、马红宇老师、佐斌老师的悉心指点，让我受益匪浅。感谢葛建荣老师、胡萍老师、柯善玉老师、向远明老师在学习生活上所提供的帮助。

　　感谢我亲爱的同学们，与你们相处的时光是我人生中一段珍贵的经历。感谢我大学同窗好友长江大学的朱从书老师，时间见证了我们的深厚友谊。感谢发展之家的师弟师妹们，无论我什么时候回家，你们一样的热情和亲切让我倍感温暖，在这里我找到了归属感。特别要感谢师姐赵冬梅，师弟孙晓军、王磊、魏华，师妹陈雪莲、蔡春凤、田媛、平凡、张永欣给予我的大力支持和鼓舞，谢谢你们在我最需要帮助的时候伸出温暖的双手，帮助我顺利地完成毕业论文。

感谢中国地质大学马克思主义学院的领导和同事，感谢你们的理解和支持。感谢应用心理学所的老师和同学们，与你们交谈与沟通，启迪并鞭策着我在心理学路上不断探索。

感谢我的家人。感谢父母来自天国慈爱的眼睛，感谢丈夫的理解和担当，感谢姐姐和哥哥的分忧解难，也感谢儿子在身旁的"加油"，你们的支持是我完成论文的持久动力。

2012 年 5 月于南望山下